江戸時代の法とその周縁

―吉宗と重賢と定信と―

高塩博　著

汲古書院

南湖の夏——那須連山を望む
（白河市教育委員会『白河市の文化財』より）

奥州白河南湖真景北面之図（模本）（国立国会図書館蔵）
（白河市歴史民俗資料館『定信と庭園』より）

目次

附　篇

江戸時代の法とその周縁

——吉宗と重賢と定信と——

第Ⅰ部

熊本藩に誕生した近代的自由刑

はじめに

本稿は、十八世紀の中葉に熊本藩に誕生した「徒刑」という刑罰を紹介するものである。「徒刑」はおそらく「とけい」と訓むのだろうが、当時熊本では「眉無し」と呼ぶことも多かったようである。これは徒刑囚の眉毛を剃り落としてその目印としたためである。熊本藩の徒刑は、犯罪人を一年から三年の間、「定《さだめ》小屋」という収容施設に拘禁し、拘禁中は強制労働に従わせた。したがって、この刑罰は犯罪人より社会生活の自由を剝奪するとともに、犯罪から社会を防衛する役割を併せもっていた。生命を奪う死刑を生命刑と呼ぶならば、自由を奪うこのような刑罰を自由刑と呼ぶことができる。熊本藩の徒刑は、刑罰の最終目的を犯罪人の社会復帰においていたから、その処遇には「近代的」という形容詞を用いるにふさわしい内容が盛り込まれていた。この徒刑は、「刑法草書」という同藩の刑法典に定められている。以下、順を追って稿を進めよう。

一　宝暦の藩政改革と「刑法草書」

熊本藩は細川氏五十四万石の外様大名で、球磨・天草を除く肥後国と豊後国のうちの三郡を領有していた。江戸時代も後半に入ると、このような大藩であっても例にもれず、財政の逼迫に苦しむことになる。細川氏八代目の重賢《しげかた》が藩主に就いた延享四年（一七四七）の頃、熊本藩の財政は危機的状況にあった。旅費の工面がつかずに参勤交替の出発を延期したこともあった。また、江戸の町では熊本藩の窮乏をあざ笑うかのように、

新しき鍋釜には、細川と申す文字を書付置かば、金気は出申さず

という戯歌《ざれうた》がうたわれるという有様だった。

細川重賢はこのような状況下で藩主に就任し、用人（秘書役）の堀平太左衛門（名は勝名）を登用して藩政の一大革新に果敢に取り組む。これを「宝暦の改革」と呼ぶ。重賢の藩主就任は二十八歳の時、堀は藩主よりも四歳の年長である。堀は三十七歳の宝暦二年（一七五二）、用人から大奉行に抜擢されて各奉行を統轄し、同六年には大奉行を兼ねたままで中老に就任し、さらに五十一歳の明和三年（一七六六）には家老職にまで陞った。堀は、七十七歳の寛政四年（一七九二）にようやく隠居をゆるされる。したがって、藩政の中枢にあること、実に四十一年の長きにわたったのである。

藩主重賢と執政堀の主導のもと、藩政改革はみごとに成功を収めたので、熊本藩の宝暦改革は諸藩から注目されることになった。そのため、地元熊本でも細川重賢を中興の英主として尊敬の念をいだいているが、重賢の名は当時すでに名君として全国に聞こえており、「紀州に麒麟、肥後に鳳凰」と言われていた。麒麟は徳川御三家の一つ和歌山藩の第九代徳川治貞、鳳凰が細川重賢である。

宝暦の藩政改革は、行政の刷新や財政の再建策をはじめとして、刑事司法、教育、軍事、産業、風俗など幅広い分野にわたるが、改革の基本は、人材を登用してその才能を発揮させ、学問を奨励し、学校を興して人材を育成することにあったと言われている。事実、宝暦五年（一七五五）、藩校の時習館を開校し、その後ここからは幾多の俊秀を輩出して熊本藩の運営を指導した。幕末の時習館に学んだ人の中からは、井上毅《こわし》や元田永孚《ながざね》など、明治政府に仕えて大きな貢献をなした人物も出た。井上は、憲法や皇室典範を起草するとともに様々な政策を立案したので、「明治国家形成のグランドデザイナー」と評される。元田は、明治天皇の傅《ふ》・侍読・侍講として教育係を担当してその信任厚く、教育勅語の起草にも携わった。

時習館開校の二年後、熊本藩は医学校を開設する。これを再春館というが、再春館は江戸時代最初の公立の医学教育機関であると言ってよいであろう。幕府の医学校である医学館は寛政三年（一七九一）の設立だから、再春館に遅れること三十四年である。このように、熊本藩の宝暦改革は教育の分野にもその先進性が顕著であるが、刑事司法の分野もまた改革の柱の一つであり、その先進性には注目すべきものがある。

宝暦六年（一七五六）、熊本藩は行政機構を大幅に改め、この時、刑法方という役所を設けて刑事司法を専門に扱う部局とした。そして、犯罪人の取調べを行なう穿鑿所《せんさく》という役所を刑法方に所属させた。これは、一般行政と司法行政とを分離させたことを意味する。江戸時代としては画期的な改革であると言えよう。ちなみに、江戸の町奉行所は、一般行政も司法行政も共に扱っている。

これに先立つ宝暦三年（一七五三）、藩主細川重賢は大奉行の堀平太左衛門に対し、刑法典の編纂を命じる。堀は翌四年五月、「御刑法草書」と名付けた刑法典を提出した。この時提出した「御刑法草書」は五十八箇条の本文をもつが、これには附録二箇条を加えたものと、附録一箇条を加えたものとの二種類があった。そして、附録一箇条の方を宝暦五年四月より施行に移した。この刑法典は、附録の条文に「農家の奸計百端なり、瑣細の事に至つてハあらかじめ名状しがたし」と見えているように、熊本藩刑法としての基本事項を定めた応急的なものであった。「草書」という語には、未完成の簡略なものという意味が込められている。したがって、この「御刑法草書」は施行中に条文を修正したりあるいは増補を施し、最終的には本文が六十六箇条になった。

熊本藩では、応急的なこの「御刑法草書」を施行しながら、体系的でもっと完成度の高い刑法典を目指して編纂を開始した。今度は堀平太左衛門一人ではなく、堀を統轄責任者として清田新助、志水才助、井口庄左衛門、蒲池喜左衛門という奉行格の四人が参加し、とりわけ清田と志水が草案の起草者として中心的な役割を果たした。その結果できあがった刑法典は、総則的な規定を巻頭にまとめ、以下、各条文を犯罪類型ごとに分類編成して八編九十五条目とした（一つ書きを一箇条と数えると、全部で百四十二条となる）。八編の編目名は、例書、盗賊、詐偽、奔亡、犯姦、闘殴、人命、雑犯と言う。法典の名称はやはり「刑法草書」と言い、これを宝暦十一年（一七六一）の末頃から施行に移した。以後、熊本藩の刑事基本法として機能したのである。明治政府の全国統一刑法である「新律綱領」が、明治四年（一八七一）になって熊本藩内に施行されるが、「刑法草書」はそれまでの百十年の長きにわたって効力をもったのである。

二　追放刑の廃止と徒刑の創始

熊本藩は「刑法草書」を制定することによって、それまでの刑罰を大きく改めた。熊本藩ではそれまで死刑と追放の二種類の刑罰を用いていたが、宝暦の刑政改革は、追放刑を廃止し、かわって改善主義の考え方に立脚した徒刑制度を創設した。さらに、軽微な犯罪に適用するための刑罰として笞打ちの刑を採用した。すなわち、「刑法草書」は十より百に至る十等級の笞刑を定めたのである。

熊本藩では従来、盗犯に対してはもっぱら追放刑を科していた。熊本城下に住所をもつ犯罪者に対しては御城下払、御城下何里四方御構《かまえ》というように、また、農村部に住所をもつ盗犯に対しては三郡御構、五郡御構というように、立入禁止の地域を定めて追放した。犯罪の程度が重くなるにつれて追放地が遠くなる。追放の憂き目に遇った者は生活の基盤を失い、たちまち飢えや寒さに困りはてる。追放に処された者は居住地でさえ盗みを働くような不届者だから、飢寒をしのぐために追放地において再び盗みを犯し、あるいは身寄りを頼って居住地に立ち帰るのも当然の成り行きと言えよう。再犯の者はさらに重い追放刑が科され、累犯に及ぶときはついには死刑という極刑が待ちうけていた。追放刑はこのように刑罰としての効果が薄かったばかりでなく、追放地の治安を悪化させるという弊害も抱えていた。

宝暦改革の立役者である堀平太左衛門は、追放刑のこのような矛盾と弊害について、「御刑法草書」を藩主重賢に提出したときの文章の中で次のように述べている。すなわち、追放は「衣食ノ便ヲ失フコト弥《いよいよ》切ナレバ、縦令《たとえ》悪ヲ改悛セント欲スル者モ、飢寒ニ堪ヘザルノ憂已《や》ムコトナク、盗心遂《つい》ニ復生シ、所在ノ地ノ害トナル」のであって、「一国中ニ於テ害ノ処ヲ遷《うつ》ス」にすぎない。飢寒忍びがたく、やむを得ずに再犯に及んだ者を死刑に処すときは、追放刑の者を「穽《おとしあな》ニ陥レテ殺ス」のと同じである。このような場合、再犯者が悪いのではなく、責任はそのような処遇を行った当局者（熊本藩政府）にあるというのである。熊本藩は、このような考えに基づいて追放刑をやめたのだった。

宝暦五年施行の「御刑法草書」は、一年、一年半、二年、二年半、三年という五等級の徒刑を定めた。この時の正式名称は「眉無しの刑」である。目印として徒刑囚の眉毛を抜き去ったことによる。頭髪もまた総髪《そうはつ》といって月代《さかやき》を剃らない髪型とさせた。当時、総髪は御坊主、医師、山伏、力士など、特殊身分の人々が用いる髪型である。眉無しはその後まもなくの宝暦七年（一七五七）三月、眉毛を五日ごとに剃ることに変更されたが、このように通常人と異なることが一目でわかる形相をさせ、本人に徒刑囚であることを自覚させるとともに、逃走の防止をはかったのである。

宝暦十一年施行の「刑法草書」は、左に示すように、徒刑を八等級にふやし、笞刑を併せ科すことにした。

徒刑

笞六十　徒一年
笞七十　徒一年半
笞八十　徒二年
笞九十　徒二年半
笞百　　徒三年
刺墨笞百徒三年
顙刺墨笞百徒三年
顙刺墨笞百雑戸

熊本藩は「刑法草書」を編纂するに当たって、中国の明朝時代の刑法典である「明律例」を学んでおおいに参考とした。総則的規定をもつ条文をまとめてこれを巻頭に置き、その他の条文を犯罪類型にし

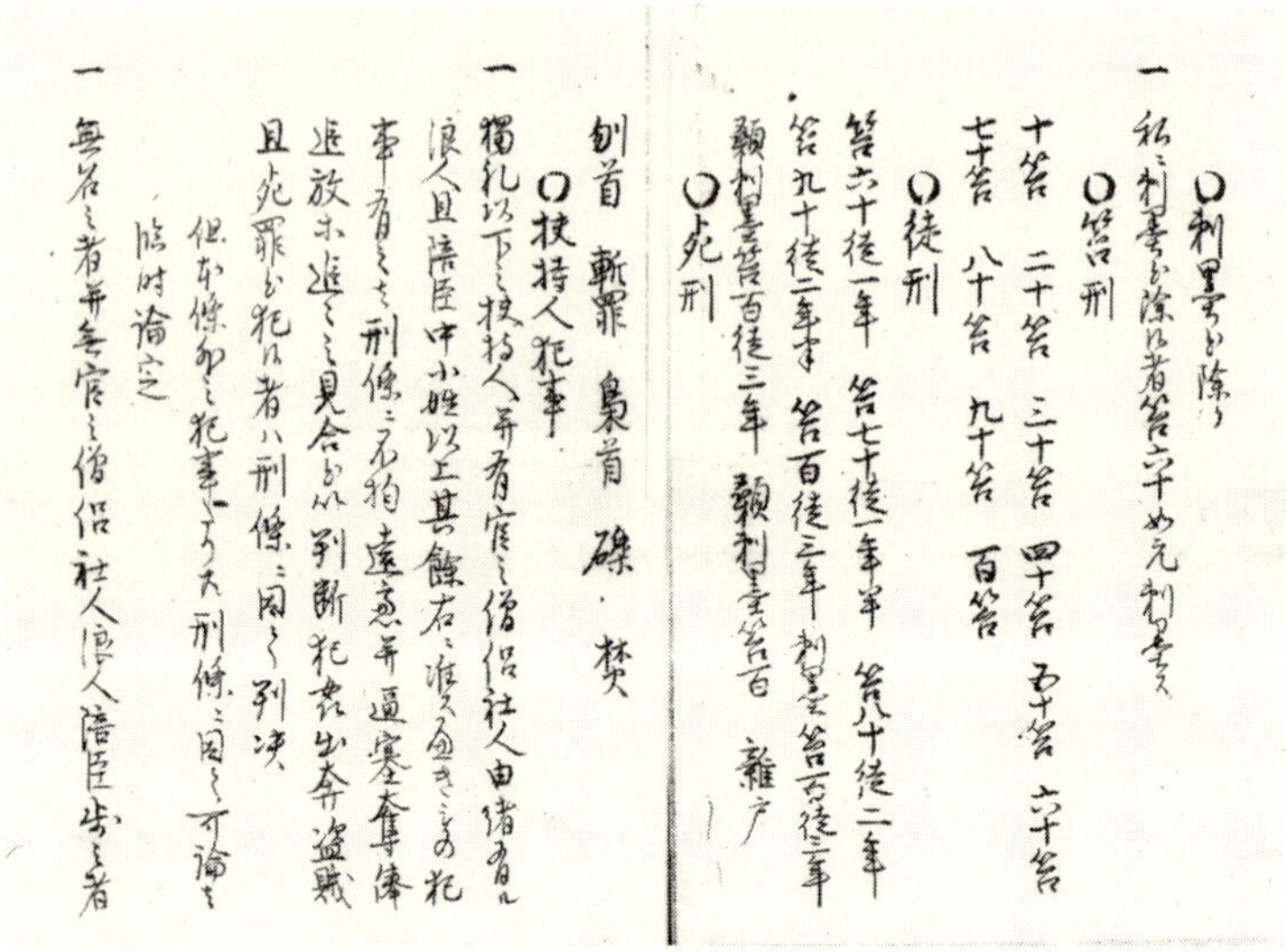
一　○刺墨ヲ除リ
私ニ刺墨ヲ除ル者笞六十ニメ元刺墨ス
○笞刑
十笞　二十笞　三十笞　四十笞　五十笞　六十笞
七十笞　八十笞　九十笞　百笞
○徒刑
笞六十徒一年　笞七十徒一年半　笞八十徒二年
笞九十徒二年半　笞百徒三年　刺墨笞百徒三年
額刺墨笞百徒三年　額刺墨笞百　離戸
○死刑
刎首　斬罪　梟首　磔　焚
○杖持人犯事
一　独礼以下之杖持人并有官之僧侶社人由緒有之
浪人且陪臣中小姓以上其餘右ニ准シ無キ之犯
事有之ニ刑條ニ不拘遠慮并逼塞奪俸
追放等ニ准ジ見合ヲ以判断犯事出奔盗賊
且死罪ヲ犯ス者ハ刑條ニ因テ判決
但右條外之犯事ハ大刑條ニ因テ可論之
臨時論之
一　無官之者并無官之僧侶社人浪人陪臣出家之者

宝暦十一年施行の「刑法草書」（著者所蔵）

たがって編別にまとめるという、現行刑法に類似する法典の形式は、「明律例」に学んだものである。徒刑に笞刑を併科するという科刑の方法もまた「明律例」に倣っている。徒刑の判決の下った者にまず笞刑を執行し、三日目から徒役に就かせた。

熊本藩の笞刑は、公衆の面前で裸にした尻を殴打する。笞《むち》の大きさは、長さ約九十センチ、太さは円周にして約九センチとあるから、直径にして三センチ弱である。材質は藁を芯として、麻でなった縄で巻いたものである。笞刑の「笞《ち》」には「恥《ち》」という意味が込められていて、犯罪人に苦痛とともに恥辱を味あわせる。笞刑を執行する場所は、熊本城下を流れる白川に架けられた長六橋の右岸のたもとにあった。長六橋は薩摩に通じる街道にかかる橋で、往き交う人も多く、それらの人々に笞刑執行の様子を見学させたのである。

徒刑の重いものには笞刑のみならず入墨も併せて科した。「刺墨」と見えているのは入墨のことである。針で肌を刺し、その傷口に墨を塗り込むために、刺墨という語を用いたのであろう。右の手首に長さ約六センチの矢印を入墨することになっていた。盗犯に用いることが多かったようである。藩政府の財物を盗んだ者には、ひらがなの「ぬ」という文字を右手首に施した。江戸時代においても盗犯の再犯率が高かったので、盗犯に対する警戒を促す意味で入墨を施したものと思われる。徒刑のもっとも重いものに「額刺墨笞百雑戸」とあるが、「額刺墨」は額への入墨、「雑戸」というのは身分を賤民に落とす刑罰である。入墨も雑戸も終身の刑罰になるが、一定の年限をもって入墨を抜き、賤民から解放することもその後行われるようになった。

宝暦十一年の「刑法草書」の刑罰体系は、笞刑、徒刑、死刑の三種で、八等級の徒刑より軽い刑罰として十から百に至る十等級の笞刑があり、徒刑より重い刑罰として刎首、斬、梟首、磔、焚という五等級の死刑があった。「額刺墨笞百雑戸」という刑罰を徒刑ということはできないが、「刑法草書」は便宜的にこれを徒刑に入れて分類している。従来であれば死刑に相当した犯罪でも、「刑法草書」の制定以後はこれを「額刺墨笞百雑戸」に処して生命を救うことが多々あった。

三　徒刑制度の内容

徒刑囚の収容施設を眉なし小屋と言い、また定小屋《さだめごや》とも呼んだ。城下の西の出入口に高麗門という門があり、宝暦年間、その門内に新牢の区画が設けられ、定小屋はその新牢の囲内に建設された。その場所は、現在の熊本市新町三丁目の市立一新小学校の辺に位置する。徒刑の判決が下ると徒刑囚は長六下河原の刑場に連行され、ここで眉毛が剃り落とされ、同時に笞刑が執行された。そののち定小屋に収容されるが、収容三日目から強制労働の徒役に就くことは前述したとおりである。

徒刑囚は毎朝、土木建築等を担当する作事所という役所に連れてゆかれ、作事所が徒刑囚を使役した。徒役の作業は城普請、溝浚《さら》えなどの力仕事が中心であったが、腕に技術をもつ徒刑囚にはそれに見合う仕事もさせた。作業時間は辰ノ刻（午前八時）より未ノ中刻（午後三時）までと比較的短く、一日の仕事が終わると再び高麗門新牢囲内にある定小屋に連れ戻される。

1　作業有償制と元手の制

熊本藩の徒刑制度において特筆すべき第一は、作業有償制と元手の制にあると思われる。熊本藩では、徒刑囚の強制労働に対する報酬として少額ながらも賃金を支給した。また、その支給額の中から一定割合を天引きして強制的に積み立てさせ、釈放時にまとめて渡すということもしていた。つまり、この積立金をもって生業《なりわい》に就くための資金に充当させた訳である。

徒役に対する報酬額と積立の割合は、記録によってそれぞれ異なる。例えば、明和三～五年（一七六六～六八）頃に成立した「肥後経済録」という書には、

一日ニ六分宛之銭給り申候、尤毎日〳〵三分相渡し、酒ニても餅ニても望ニ給させ申候、又三分ハ役所ニ預ケ置、出牢之節相わたし申候、

と見える。徒役に対する報酬額は、銀六分相当の銭である。半分を日々本人に渡して酒や餅など好みの食品を買い求めさせ、半分を役所に預かって積み立てたとある。徒刑囚に飲酒を認めていたとは驚きである（もっとも、徒刑を始めた宝暦五年の規則では飲酒を禁じていた）。また、天明元年（一七八一）の序文をもつ「肥後物語」という見聞録の記すところでは、毎日の支給額は米一升であり、そのうち五合を日々の食糧に充て、残りの五合の中から鬢付《びんつけ》油や草履などの必需品を購入させ、なお残った分を積み立てたとある。

右の「肥後経済録」「肥後物語」は、細川重賢の在世中の記録で、いずれも信頼に足るものである。重賢没後の寛政二年（一七九〇）に撰述された「銀臺遺事」は、重賢の事績を記した書物だが、ここにも徒刑制度のことが見えており、その一節に次のようにある。

一日の賃銭をさだめ置きて、其内三ツの二ツは、其日〳〵にあたふ、今一ツは止め置きて、其者の

年季満ちてゆるさるゝ時、都合してさづく、小屋のうちにてくつをうち、むしろを織るなど、己々が業をして市にうることをゆるされ、年限満ちて帰る者は、さづけ給ふ賃銭と己が手業の代をたくはへもち、是を本にして、かたのごとく世渡るわざにつき、前非を悔いて良民となるものおほし、

右の記事は、徒役の賃金について具体的な金額を記してはいないが、賃金の三分の二をその日その日に支給し、三分の一を積み立てるとする。

熊本藩の徒刑は一度だけ中断することがあった。文化二年（一八〇五）正月から同十一年（一八一四）七月までの約十年間、徒刑の刑罰効果の薄いこと及び財政難を理由として徒刑を中断するのである。このとき徒刑に要する経費を調査しているが、その調査書によると、その頃の徒役の法定賃金は一日銭三十文であった。十文を本人に渡し、二十文を積み立てていたのである。日雇労働の賃金は、その当時百文強ほどが相場であったと思われる。したがって、徒役の賃金は一般賃金の四分の一程度であったと言えよう。

ところで、右の「銀臺遺事」の記事にはもう一つ注目すべき内容が含まれている。それは、定小屋の中で行う藁細工についてである。一日の徒刑作業以外に、定小屋の中でつくった草履・草鞋や莚《むしろ》などの藁細工製品を市中に売ることを許され、その売上金もまた積み立てて就業のための資金とすることができたのである。

以上に見てきたように、熊本藩の徒刑制度は、——時代によって支給額と積立の割合に変化があるが

——その労働に対して少額ながらも報酬を与え、そして、その報酬の中から何割かを強制的に積み立てさせ、その積立金を釈放時の就業資金とした。そればかりではなく、収容施設内における自主労働による藁細工製品の売却代金もまた自己のものとして積み立てることができたようである。

2 徒刑囚に対する教諭と就業の世話等

眉毛の剃落しと笞刑執行が済むと、徒刑囚一同は勢揃いさせられて「向後《こうご》慎《つつしみ》之儀」というものが申し渡された。つまり、これまでの悪業をあらためて善良な民となるようにという趣旨の説諭が、刑法方奉行の立合いのもと、担当役人より行なわれるのである。この時、収容中の日々の労働には賃金を支給するので、それを貯えて「家業ニ取付《とりつく》」ための元手にするようにということも申し聞かせている。収容中は毎月、「心得条目」というものを読み聞かせた。その具体的内容は知られていないが、収容時の「向後慎之儀」と同じ趣旨を読んで聞かせたものと考えられる。

また、前掲の「肥後経済録」によると、徒刑囚は正月と盆の二度、父祖の墓参りの意味で熊本城下のそれぞれの宗旨の寺へ詣でることが許されていたと記されている。その折には住職の説経が行われたことが想像される。いずれにしても、寺への参詣は、徒刑囚の精神的な慰めになったことであろう。

徒刑囚への説諭は、刑期満了となって釈放となるときにも行われた。「向後心底相改、屹ト相慎」むべきことを釈放者本人に言い聞かせた。そればかりでなく、身元引受人として呼び出した親類や五人組の人々にも、この点に心を配ることを指示した。つまり、釈放後の保護観察を命じたのである。この措置は、徒刑を開始した宝暦五年（一七五五）の法令に基づく。安永元年（一七七二）、釈放者が社会により復帰しやすくするために、新たな法令が出された。それは釈放時の説諭、生業に就くための世話、釈放後の保護観察について、次のように定める。例えば、釈放者が町方出身の場合であれば、その釈放者を町方役所に呼び出し、同時に釈放者が居住する町の別当、丁頭、親類、五人組の各一人を出頭させ、町奉行が臨席し、その上で「教育之趣」を担当役人より一同に申し渡す。町奉行が退席すると、役人より「教育之趣」をさらに詳細に申し聞かせ、釈放後の生活心得を書き記した「教示書」を交付した。そして、出頭人には釈放者の就業についての世話を指示し、釈放者の暮しぶりを観察させ、毎月のはじめに前の月の暮し方を報告させるようにしたのである。

四　徒刑制度の歴史的意義と幕府への影響

熊本藩の徒刑制度には、前節で見たように、作業有償制、作業報酬の強制積立とそれを就業資金に充当するための元手の制、自主労働（自己労作）の採用、寺院への参詣、身元引受と就業のための世話、収容時や釈放時の説諭と毎月読み聞かせる「心得条目」などの教育的処遇、釈放後の保護観察などの諸施策が盛り込まれていた。これは熊本藩の徒刑が受刑者本人の改善を目的とした刑罰であったことを意味する。これらの諸施策は、いずれも教化改善と授産更生の趣旨に出たものである。

むろん、徒刑に併科する笞刑は受刑者本人を懲らしめる意味をもち、徒役もまた懲戒の意味を込めた苦役が多かったに違いない。笞刑は一般人に見学させる公開の刑罰で、それによって犯罪抑止の効果をねらった一般予防主義の刑法思想が加味されていたことは言うまでもない。しかしながら、徒刑の主眼はあくまでも受刑者本人を改善して再び社会に戻すということにあったのである。

このように、熊本藩の徒刑制度には教化改善主義の思想が濃厚にみられ、社会復帰のための授産と更生の施策が含まれている。したがって、この徒刑は「近代的自由刑」と称して差し支えない。宝暦五年(一七五五)、わが国における近代的自由刑が九州の外様大名細川氏の熊本藩に誕生したのである。このことは日本刑法史上、一つの画期をなす出来事であると言ってよい。また同時に、釈放者に対する更生保護という見地から熊本藩の行刑をながめるならば、わが国における更生保護事業もやはり熊本藩に端を発したという評価が与えられるのである。

ヨーロッパにおける近代的自由刑の起源は、一五九六年、オランダのアムステルダム懲治場の処遇制度に求めるのが通説のようである。江戸時代、日本は長崎の出島を通じてオランダとの交流をもっていたが、熊本藩徒刑がオランダからの影響を被ったとは、ほとんど考えがたい。熊本藩の徒刑は、中国の法文化や日本の古代律令法、徳川吉宗時代の幕府の諸政策などに学びつつ、熊本藩が独自に考案した制度であったと言ってよいだろう。

ところで、熊本藩の徒刑制度は、その実際の運用において、受刑者の改善にどれほどの効果を上げたのだろうか。前述したように、徒刑は文化年間に約十箇年ほどの中断があった。その理由は主として藩の財政難にあったと思われるが、徒刑停止の建議には徒刑の効果がはなはだ薄いということも理由の一つに挙げられている。定小屋が盗みの手口の学習の場になっているというのである。それ故、徒刑再開後の定小屋は、盗犯を収容する西小屋と、その他の犯罪者を収容する東小屋に仕切ることにした。簡単ながらも分類拘禁を実施したのである。そして、熊本藩は徒刑の効果を確かめるために、釈放者の動向を調査した。文化十一年（一八一四）七月から文政八年（一八二五）までの約十一箇年の間に釈放された者は百八十一人（東小屋六十人、西小屋百二十一人）である。東小屋の六十人中、正業に就いて更生に成功している者が五十二人、その他は病死者五人、行方不明一人、再犯服役中の者一人、再犯死刑の者一人だった。刑罰の効果は極めて顕著である。一方、盗犯収容の西小屋百二十一人中、更生者は六十人、その他は逃亡者二十六人、病死者二十三人、再犯服役中の者六人、再犯死刑の者三人、再犯で審議中の者三人だった。病死者を除いた更生率は七割弱である。徒刑再開後まもなくの頃の成績は、かなり良好であったと言えよう。

さて、熊本藩の徒刑制度が幕府の人足寄場制度によく似ているということに、すでにお気付きの読者もおられよう。それもそのはず、人足寄場制度は熊本藩徒刑を大いに参考としたのだった。幕府の人足寄場は、熊本藩の徒刑創始から三十五年を経た寛政二年（一七九〇）、老中松平定信が火附盗賊改の長谷川平蔵に命じて、隅田川河口の石川島に建設した無宿の収容施設である。江戸市中に徘徊する無宿をここに収容し、教化改善して社会に復帰させることを目的とした。熊本では犯罪人を収容し、幕府では無罪の無宿を収容するが、収容者を教化改善して社会に復帰させるという設立の趣旨は、両者同じである。設立趣旨を達成するための根幹となるべき諸施策もまた共通している。それは、作業有償制、報酬の強制積立と元手の制、自主労働の採用、身元引受と就業の世話、収容時の申渡をはじめとする教育的処遇などである。これは松平定信が人足寄場を構想するに当たり、熊本藩の徒刑制度を調査し、これに学んだからにほかならない。当時熊本藩は宝暦の藩政改革を成功させて注目を浴び、藩主細川重賢は名君としてその名が知られていたことは前述のとおりである。松平定信は、藩主として奥州白河藩十一万石を経営するについても、また老中として幕政を担当するについても、熊本藩政治を参考とした形跡が見受けられるのである。

熊本藩の徒刑制度は、幕府のみならず他の諸藩の刑政にも影響を与えている。佐賀藩の徒罪と会津藩の徒刑がその最も早い時期の事例である。佐賀藩は天明三年（一七八三）、会津藩は人足寄場と同年の寛政二年（一七九〇）の創設で、いずれも熊本藩に学び、改善主義に立脚している。明治初年に明治政府の採用した徒刑もまた熊本藩に範を採ったと考えられるが、もはや紙数が尽きた。近代的自由刑の他藩への波及や明治政府への継承については、次稿に譲ることにしよう。

草創期の徒刑制度

――熊本藩徒刑から幕府人足寄場まで――

はじめに

前稿に述べたとおり、江戸時代における徒刑という刑罰は、犯罪者を収容施設に拘禁して一般社会から隔離し、収容期間中は強制労働を科すというものである。社会生活の自由を剥奪するので、自由刑の一種と考えてよいであろう。このような自由刑をある藩では「徒刑」と呼び、ある藩では「徒罪」と称している。幕府の人足寄場ができてから以後は、そのような自由刑の執行場を「寄場」と称し、「人足溜場」と命名する藩も現れた。本稿は、徒刑という用語をこのような自由刑を総称する場合にも使用することにする。

徒刑は通常、百姓町人等の庶民を対象とする刑罰であった。当時の幕藩制社会においては、追放刑が刑罰の主流をなしていたが、その追放刑の矛盾と弊害に対する反省から、徒刑の採用される場合が多かったようである。したがって、徒刑を採用することによって追放刑を原則的に廃止したり、あるいは廃止に至らないまでも追放刑の適用を抑制するという役割を担うことになった。

徒刑という刑罰が、犯罪者本人を懲戒するという目的とともに、施設に拘禁することによって犯罪の発生を防止し、社会を犯罪から防衛するという目的を備えていたことは言うまでもないだろう。これらの目的に加え、徒刑制度において注目すべきは、収容期間中の強制労働その他の処遇を通じ、犯罪者本人を善導して真人間に立ち戻らせようという教化改善主義の考え方がしばしば見てとれることなのである。さらに言えば、犯罪者の社会復帰を目指す徒刑制度が、江戸時代に少なからず存在したということである。

本稿は、我が国の徒刑制度草創期の状況を概観し、そこに流れる基本精神と共通する内容をさぐることを目的とする。

一　熊本藩の「徒刑」

江戸時代の徒刑は、宝暦五年（一七五五）四月、外様大名細川氏の熊本藩に始まった。熊本藩の徒刑は、同藩の刑法典「御刑法草書」に定めたもので、一年から三年まで、刑期によって五等級の徒刑があった。この時の徒刑の正式名称は「眉なしの刑」で、徒刑囚の目印として眉毛を剃り落としたのである。「御刑法草書」は程なくして改訂され、宝暦十一年（一七六一）施行の「刑法草書」に定める徒刑は、笞刑を併科することとして八等級となった。重い三等級の徒刑には入墨をも併せて科すことにしている。この時以来「徒刑」という名称が正式な刑名になったが、やはり眉毛を剃り落としたので、熊本には「眉なし」という呼び方が後々まで残っていたようである。

熊本藩の徒刑制度は、徒刑囚を教化改善して社会復帰させることを目的としていた。この目的を達成するため、同藩の徒刑制度には様々な施策が盛り込まれていたのである。熊本藩徒刑の内容については、本書前稿「熊本藩に誕生した近代的自由刑」にすでに紹介した。しかし、熊本藩の徒刑制度中、見落とすことのできない重要な施策として、左の五点をあらためて挙げておこう。

① 作業有償制、および作業報酬の積立てとそれを釈放時の生業資金に充てる元手の制
② 自主労働（自己労作）の採用
③ 入所時や釈放時の教諭と毎月読み聞かせる「心得条目」などの教育的処遇
④ 身元引受と生業に就くための世話
⑤ 釈放後の保護観察

熊本藩は、徒刑の強制労働に対して少額ながらも賃金を支給している。その支給額は時の経過とともに若干の変動がみられるが、文化元年（一八〇四）の法定額が一日銭三十文であったことが判明している。そのうち十文を本人に渡して鬢付《びんつけ》油などの生活用品の購入費とし、残る二十文を天引きして積み立て、釈放の時にまとめて支給した。この積立金を生業に就くための支度金に充てる訳である。一日の労

賃が銭三十文という金額は、民間の日雇労働の四～五分の一ほどと考えられる。また、③に見るごとく、徒刑囚の処遇に教育的な配慮が加味されていたことは、当時にあっては注目すべき事柄であり、この点は心に留めておくべきであろう。

このような処遇の反面、熊本藩は逃亡の徒刑囚に対しては死刑という厳罰をもって臨んだ。他の徒刑囚の見守る中、徒刑小屋のある新牢囲内において刎首に処すのである。

その他の詳細は前稿に譲るが、熊本藩徒刑は、教化改善主義の考え方に基づき、犯罪者の授産更生を最終的な目的として、――文化年間に約十年の中断期間があったものの――明治時代に至るまで実施され続けた。

二　佐賀藩の「徒罪」

犯罪者を教化改善して社会復帰させようという趣旨の自由刑は、その後約三十年ほど遅れて佐賀藩がこれを採用した。佐賀藩は、鍋島氏が三十五万石餘を領有する外様の大藩である。佐賀藩は、天明三年（一七八三）十二月に、「徒罪之法」（前文と本文二十八箇条）を制定し、同時にその徒罪を実施するために「徒罪方」という役所を設置した。この刑罰は、熊本藩徒刑を参考として案出されたものである。「徒罪之法」の全文は、『佐賀藩法令・佐賀藩地方文書』鳥栖市史資料編第三集二一九～二二四頁（昭和四十六年、鳥栖市役所発行）に収録される。

佐賀藩の徒罪（現在、地元佐賀では「づざい」と呼んでいるようである）は、従来であれば窃盗犯罪によって追放刑に処されるべき者、および博奕犯の再犯以上の者に適用するための刑罰として制定された。「徒罪之法」によると、窃盗犯の所払から七郡払および特に重い追放者に至る者に対して八等級の徒罪（一五〇日、二五〇日、一年、一年半、二年、三年、五年、七年）を適用することにした。また、博奕犯に対しては初犯を科銀三十目とし、再犯に二五〇日徒罪、三犯に一年徒罪、四犯に一年半徒罪、五犯の場合は死罪もあり得ると定めている。その他、博奕の座親、博奕道具の商売人に対しても徒罪を科すとしている。

「徒罪之法」の前文を読むと、佐賀藩の徒罪が教化改善主義の考え方に立っていることが明確に現われている。その部分を原文のままに引用する（読点、返り点は引用者、以下同じ）。

○　不所存之者共、悪業不レ致、趣意善心ニ相移候ため……

○　銘々其身之行跡を相慎、其銘々之教諭堅相守、極悪之者も何卒善念ニ飜候様可二相諭一候、

犯罪者を教化改善する方策としては、「徒罪之法」第二十四条に「徒罪之者……役頭、手元役よりの教諭」と見えるが、その他にどのような具体策が実施されていたかは、まだ解明されていない。ただ、徒罪囚の改善が見極められない時には、親類縁者の希望によって刑期の延長を認める場合があり（第二十三条）、一方では、寛政九年（一七九七）二月の改正により、改悛の情の顕著な徒刑囚に対しては、刑

期を短縮して釈放することにした。つまり、佐賀藩では改善主義の考え方がかなり徹底していたことが、ここに見てとれるのである。

徒罪囚に科す労役としては、郷普請、河川や堀割の浚渫、有田皿山の窯業に関する作業等が知られている。これを見る限り、労役は単純な肉体労働が中心であった。更生に備えての技能訓練が実施されたかどうかは、解明されるべき今後の課題である。この強制労働は有償であった。一日の労働に銭二十文を支給し、半分をその日の小遣いとして渡し、半分を積み立てて置いて釈放のときに生業資金として渡すというものである（「徒罪之法」前文）。ただ、積み立てた生業資金を本人にではなく、父母もしくは親類縁者に手渡すとする点が熊本藩と異なる。徒罪囚の目印として頭髪を「残切（散切《ざんぎり》）」、つまり総髪とした点は熊本藩に同じである。

また、佐賀藩は「徒罪之法」を秘密法とはしないで、領民に広く知らしめる方針であった。このことが「徒罪之法」の前文に、

此節別紙之通徒罪之法被㆓相立㆒事候条、御領中之者共、不㆑依㆓高下㆒、得と可㆑奉㆓承知㆒候、

と明記される。刑法を公示するという考え方は、熊本藩においても同様である。「刑法草書」の起草者であり、編纂の責任者でもあった堀平太左衛門（勝名）は、「刑法草書」を広く一般に知らせ、それによって犯罪者に重い罪を犯させないことを意図した。

なお、逃亡ののちに帰参した徒罪囚に対しては、懲罰として逃亡一日につき徒罪十日を科すとしてい

る（第二十六条）。この点は、熊本藩の場合と大きく異なる。

佐賀藩の徒罪制度は、寛政七年（一七九五）に大きな改正を被るが、その後幕末に至るまで実施されたので、それ相応の効果が見られたものと思われる。しかしながらその一方で、逃亡の多かったことが指摘されている。文化二年（一八〇五）から天保八年（一八三七）までの三十二年間に三百六十五人の徒罪囚があったが、その中から長期刑の者を中心として八十五人が逃亡したという。

佐賀藩の徒罪制度については次のような先行研究が発表されており、以上に述べた事柄はこれらの研究に負うところも少なくない。

○ 城島正祥《じょうじままさよし》「佐賀藩の徒罪」『佐賀藩の制度と財政』三八五～三八七頁、昭和五十五年、文献出版。初発表は昭和三十五年

○ 池田史郎「佐賀藩の刑法改正――徒罪方の設置――」『史林』五一巻一号一一八～一三六頁、昭和四十三年

○ 池田史郎「治茂の改革――2徒罪制」『佐賀市史』第二巻近世編一六四～一七四頁、昭和五十二年、佐賀市発行

三　会津藩の「徒刑」

会津藩は、佐賀藩よりもさらに七年ほど遅れて「徒刑」という名称の刑罰を採用した。この刑罰もまた、犯罪者を教化改善して社会に戻してやろうという趣旨の刑罰である。佐賀藩の「徒罪」と同じように、会津藩もまた熊本藩徒刑を参考としながら、この刑罰を工夫した。佐賀藩は九州の外様大名だが、会津藩は保科正之を藩祖とする松平氏二十三万石の親藩として、東北地方の要衝をおさえていた。藩としての性格や地理的条件のまったく異なる両藩が、共に熊本藩の徒刑を学んだということは興味深い。

会津藩は、寛政二年（一七九〇）三月、「刑則」という刑罰法規集（序文、刑罰配当図九、本文七十一箇条）を制定し、この中に五等級の徒刑を定めた。刑期は半年、一年、一年半、二年、二年半である。「刑則」の全文は、拙稿「会津藩『刑則』——解題と翻刻——」（『日本律の基礎的研究』所収四三〇〜四四八頁、昭和六十二年、汲古書院）に収めてある。徒刑囚の収容施設を「徒小屋」と称すが、後に引用する『しぐれ草紙』はこれに「づごや」という振仮名をつけている。この振仮名を信用するならば、会津藩では「徒刑」を「づけい」と呼んでいたことになる。会津藩の徒刑は、佐賀藩の場合のように、窃盗犯や博奕再犯以上といった特定の犯罪を対象とした刑罰ではない。従来であれば、城下払・居村払をはじめとして、重くは他邦永代払（他領への永久追放）に相当する犯罪に対して五等級の徒刑を科すことにしたのである。つまり、会津藩は追放刑に代替する刑罰として徒刑を採用したわけである（もっとも、その後追放刑がまったく実施されなくなったとは言えないが）。

会津藩では、徒刑囚に教育を施して改悛をうながし、釈放の際にはその者が自力更生できるような配慮を払うとしていた。「刑則」第三十条の但書によると、釈放のときに身寄りが無く自活ができない者に対しては、食糧を与え、その上で生業に就かせると定めている。一方、徒刑作業の賃金について、「刑則」は何も定めていない。したがって、賃金の一部を積み立てて釈放の時の生業資金とする元手の制についても、「刑則」は何も語らない。しかしながら、会津藩の徒刑制度はそれらを備えていた。

旧会津藩士の小川渉（一八四二―一九〇七）は、その遺著『しぐれ草紙』（執筆は明治時代、刊行は昭和十年、飯沼関弥発行）の中に会津藩の刑罰全般について、簡便ながら実に貴重な記述を遺している（三六～三八頁）。その中の一節として、徒刑の記事が次のように見える。

徒刑は徒小屋《づごや》といふに入れおき、内にありては藁細工をなさしめ、外役は士家の望に任せ、番人付添へ連れゆき、木割、土方等に役し、その藁細工、土方等の賃は幾分を収めて他は放免の時付与せしと聞けり、

この記事は幕末のころの様子を伝えていると思われる。徒刑囚の労役として、会津藩もまた藁細工を採り入れていたのである。また徒刑囚の労働力を、民間が一定の賃銭（おそらく世間一般の労賃より安い金額）を支払うことで利用していたことが注目される。とにかく、会津藩は幕末のころ、作業有償制とそれに基づく元手の制を備えていたのである。推測になるが、会津藩は徒刑創設の当初からこれらの制を備えていたと思われる。それは次のような理由による。

「刑則」は、会津藩の天明・寛政期の藩政改革の中で制定された。改革の推進者は家老の田中三郎兵

衛（玄宰《はるなか》）で、彼は天明七年（一七八七）二月にきわめて具体的な改革意見を表明する。その中の一節に、徒刑囚の労働力を民間で使う場合は「纔《わずか》之賃銭」を出させよと提案しているのである。また、田中の藩政改革そのものが、熊本藩の宝暦の藩政改革に示唆をうけていた。それだから、熊本藩徒刑に見られる作業有償制と元手の制が会津藩に存して何らの不思議はない。

熊本藩徒刑に類似する点としては、その他に、徒刑囚の目印として髪を切ったこと（「刑則」第二十九条）、逃走者を徒小屋の前において刎首に処すこと（「刑則」第三十四条）などがある。逆に熊本藩に相違する点は、「奴刑」と称して女性に対しても徒刑を科したことである。

会津藩徒刑は、懲戒とその半面である教育とを強調していることにその特徴が現れているように思う。強制労働については、「刑則」第二十九条に「終日辛苦煩辱之事を操らしめ、寒暑風雨之労に役して可懲之」と定めており、徒刑囚を懲戒するために苛酷な労役を科したことがうかがえる。一方、徒刑囚の改善のために、教育を積極的に実施しようとしていたことが次の文章に現れている。

○　犯科ノ次第ヲ告諭シテ本心ニ立カヱルヨウニ教ユルコトナリ、

○　教諭ニヨリ我先《サキ》ノ非《ヒ》ヲ悔ミ、過《シソコ》ネタルコトハ夫マテニシテ、思ヒカヱテ善ニ移ルヲ、悔レ非改レ過ト云フナリ、

会津藩の「刑則」には寛政二年時の序文と、増補改訂が完了した寛政八年時の序文との二通りがある。寛政二年序文には註釈が施されているが、右の文章はいずれもその註釈の一節である。このように、会

津藩徒刑は、本人の懲戒と改善とに重点を置いていた。この考え方に基づき、「刑則」はその第三十条に、改悛の情いかんによって刑期を短縮したり延長したりする規定を置いた。すなわち、徒刑作業に精を出して改悛顕著な徒刑囚は刑期満了前に釈放し、あるいは褒美として米を与え、逆に徒役を怠ったり改悛の気配の感じられない徒刑囚に対しては刑期を延長すると定めている。なお、刑期前釈放の規定は、寛政八年の改訂後の「刑則」にはじめて置かれた。

以上に記したところは、主として拙稿「会津藩『刑則』の制定をめぐって」(『國學院大學日本文化研究所紀要』七一輯、平成五年)などに基づく。しかしながら、「刑則」については手塚豊氏に「会津藩『刑則』考」(『明治刑法史の研究(中)』手塚豊著作集第五巻所収、昭和六十年、慶應通信、初発表昭和三十年)という先駆的業績があって、「刑則」という刑罰法規集を学界に初めて紹介するとともに、「刑則」をめぐる会津藩と熊本藩との関係も明らかにしている。「刑則」の詳細を知りたい方は、まずは手塚論文を繙くことをおすすめしたい。

四　幕府の人足寄場

周知のように、老中松平定信は火附盗賊改加役の長谷川平蔵(宣以《のぶため》)に命じ、隅田川河口の石川島に「人足寄場」という施設をつくらせ、その運営にあたらせた。今から約二百年前の寛政二年(一七九〇)

二月のことである。会津藩の「徒刑」と時を同じくしていると言ってよい。天明年間（一七八一〜八八）の打ち続く飢饉によって江戸市中にあふれ出した無宿をここに収容しようというのであった。石川島は佃島に隣り合う中洲であるから周囲は水に取り囲まれている。収容者を市街地から隔離するとともに、逃亡防止にも有利な地を選んだのである。

人足寄場は、発足からしばらくの間、無罪の無宿（入墨や敲等に処せられた者も含む）をおもに収容した。江戸払以上の犯罪者をも収容するようになるのは、三十年後の文政三年（一八二〇）からである。人足寄場の設立趣旨は、無宿を一定の場所に拘禁することによって犯罪を未然に防ぎ、拘禁中に彼らを教化改善して社会に再び復帰させようというものである。もちろん、強制労働などを通じて収容者に懲戒を加えるという目的も忘れてはならない。この点について、定信は自叙伝とも言うべき『宇下人言《うげのひとごと》』の中で次のように述べている（岩波文庫版一一八頁）。

寄場にてはからき目をするにぞ、その人もおそれ、傍の人もおそれて、いま無宿に成りたらば、寄場へ入らるべしとて恐るゝこそ限なき御仁政なるべし。

すでにお気づきのことと思うが、収容者に無宿と犯罪者との相異が見られるものの、人足寄場は熊本藩に始まった徒刑制度とまったく同じ趣旨で創設されている。前述したように、人足寄場はその後、犯罪者をも収容することになった。それ故、本稿は幕府の人足寄場についても、これを徒刑制度の一種として捉えようとするものである。

人足寄場と熊本藩徒刑とは、収容者に対する処遇法についても共通する点が多々存する。熊本藩徒刑に見られる作業有償制、報酬の強制積立と元手の制、自主労働の採用、技能（手業）保持者とその他の者の作業を区別すること、身元引受と生業に就くための世話、入所時の申渡をはじめとする教育的配慮等、これらの処遇法は人足寄場においていずれも確かめることができる。作業有償制と元手の制について見るならば、寛政四年（一七九二）十二月四日、初代寄場奉行村田鉄太郎が収容中の人足共に読み聞かせた「申渡」の中に次のように記されている（矯正協会所蔵「寄場人足旧記留」）。すなわち、「手業《てわざ》」と称する技能労働に従事する人足の場合、製品の売却代金を手にすることができた。ただし、製作に要した経費と寄場で暮らす諸経費の半分は、各人足の負担としてこれらを売却代金から差引く。そして、支給分から一定の割合を強制的に積立てさせたのである。この積立金を「溜銭《ためせん》」というが、溜銭が十貫文に達すれば、たとえ身元引受人がいなくとも放免するとしている。また、何らの技能をもたないために、藁細工や土方あるいは寄場内の掃除等の単純労働に従事する人足の場合は、溜銭が三貫文以上に達すれば放免するとしている。したがって、技能労働と単純労働とでは、報酬に格差があったことがわかる。なお、この時の「申渡」で注目すべきは、常日頃、熱心に仕事をする人足に対しては、溜銭が所定の十貫文・三貫文に達しなくとも、足りない分を褒美として支給し、その上で放免するとしている点である。刑期前釈放の考え方がここに出ている。

熊本藩徒刑と人足寄場との間に多くの共通点が存するのには理由がある。それは、定信が人足寄場を創設するにあたって熊本藩の徒刑制度をおおいに参考としたからである。松平定信と熊本藩との関係については、拙稿「熊本藩徒刑と幕府人足寄場の創始」（小林宏・高塩博編『熊本藩法制史料集』所収解説、平成八年、創文社）に詳しく考証したので参照いただきたい。

人足寄場は幕府の施設だけあって規模の点において熊本藩よりもはるかに大きく、また、熊本藩徒刑よりも新しい制度であるだけに、収容者の処遇に関し、より進歩した点がいくつか見られる。その例として次のような諸点を挙示することができる。

第一に、強制労働を科す作業の種類が豊富であること。長谷川平蔵が寄場を運営していた頃の絵図が大田南畝の随筆『一話一言』に載っていて有名だが、その「加役人足寄場絵図」によると、創設期の寄場では紙漉《かみすき》、鍛冶屋、籠屋、屋根葺にはじまって炭団《たどん》製場、蛤粉《ごふん》製場に至るまで約二十種の仕事名が記されている。

第二に、前述したように、改善著しい人足に対しては所定の収容期間に満たなくとも放免するという不定期刑の考え方を採用したこと。

第三に、収容者の改善を促すために心学道話を採り入れて積極的な教育を施したこと。月三回の休業日に心学者を寄場に招き、人足に心学道話を聴かせたのである。

第四に、収容者の着衣に工夫を凝らし、収容年数ごとに水玉の数を減らすという進級制を採用したこと。寄場への収容期間は三年を目安としていたようであるが、一年目の人足には柿色地に白色の水玉を多く染め出した着衣とし、二年目の者には水玉の数を減らした着衣とし、三年目は柿色無地としている。

第五に、社会復帰の予行演習として、江戸市中に出て買物等の雑役をさせる「外使《そとづかい》」の制度を採り入れたこと。

むすび

以上にみたように、熊本藩に誕生した徒刑制度は、佐賀藩と会津藩がこれを参考としてそれぞれの徒刑を案出した。さらには幕府が人足寄場を創設するについても、老中松平定信は幕府の先蹤を顧みたことはもちろんだが、熊本藩徒刑からもっとも多くの示唆を受けた。

熊本藩に始まる徒刑と幕府の人足寄場は、改善主義の精神に立ち、収容者の社会復帰を最終目的としていた。そのために、濃淡の差こそあるが、それぞれに教育的配慮を加味した処遇を行なっている。とりわけ、人足寄場が心学を採り入れ、人足に積極的な教育を施したことは特筆に値する。会津藩においても積極的な教育を導入したことが推測される。また、いずれの場合も作業有償制とそれに基づく元手の制を採用していることに着目する必要があろう。この施策は、徒刑制度の根幹ともいうべき重要な処遇法である。さらに、佐賀藩以降の徒刑が、改悛の情の著しい収容者に対して、刑期満了前に釈放する制度を備えていることも注目に値する。

他方、三藩の徒刑と幕府人足寄場は、収容者本人を懲戒するという目的をもっていた。苛酷な労役とその他の厳格な処遇によって収容者を懲戒しようというのである。この考え方は、会津藩「刑則」に明確に現れていた。松平定信もそのような考えを述べている。いずれも前述したとおりである。さらに、徒刑や人足寄場の制度は、追放刑を廃止ないし制限する目的と機能を備えていた。

宝暦五年（一七五五）、熊本藩に始まった作業有償制と元手の制は、その後江戸時代が終わりを告げるまで連綿として実施され、やがて明治政府の刑法にも受け継がれる。明治新政府の最初の全国統一刑法である「新律綱領」（明治三年十二月頒布）は、刑罰として五等級の「徒刑《とけい》」を定めるが、その労役が有償であり、強制積立による元手の制を採っていることを、法文上に次のように明記している（名例律上）。

> 凡徒ハ、各府藩県、其徒場ニ入レ、地方ノ便宜ニ従ヒ、強弱ノ力ヲ量リ、各業ヲ与ヘテ役使ス、毎日、凡人雇工銭十分ノ一分ヲ給シ、其半ヲ官ニ領置シ、徒限満レハ、放チテ郷里ニ還シ、生業ヲ営ムノ資ト為ス、（中略）徒ハ、一年ニ起リ、三年ニ止ル、蓋シ労役苦使シ以テ悪ヲ改メ、善ニ遷ラシム、
>
> （傍点引用者）

労役に対する賃金は世間一般の十分の一とし、その中の半分を積み立てて釈放の際の就業資金とする。右の法文の末尾には、懲戒と改善主義のとらえ方が示されている。熊本藩に誕生した徒刑思想が、明治政府の「新律綱領」にそのまま反映していると言ってよい。

徒刑制度草創期の頃、犯罪者など不都合な人物に対しては、死刑をもって抹殺し、あるいは追放刑を

もってその社会から締め出すというのが支配的な風潮だった。そのような時代にあって、これら不都合な人々を一定の場所に拘禁し、拘禁中に何かと改善の手立てを講じて更生させようというのである。ここには刑事法思想の大きな転換が存すると言える。この困難な刑事政策がどれほどに実を結んだか、つまりどれほど効果が上がったかについては、あらためて検討すべき課題である。

寛政二年（一七九〇）以降、比較的早い時期に次のような諸藩で徒刑を採用したことが知られる。寛政三年三月の米沢藩「徒罪」、寛政九年（一七九七）三月の弘前藩「徒罪」、寛政十二年（一八〇〇）八月の越後国新発田《しばた》藩「徒罪」などである。これらの徒刑は各藩各様の内容を備えているので、詳細についてはあらためて研究を進める必要がある。

人足寄場は、寛政四年（一七九二）六月、創設二年余にして長谷川平蔵が寄場取扱の職を解かれ、代わって村田鉄太郎（昌敷《まさのぶ》）が初代の寄場奉行に就任した。人足寄場はこの時から幕府の常設機関として運営されることになった。こうして寄場運営が軌道に乗ると、収容者を教化改善して再び社会に送り出してやるという人足寄場の思想が各地に伝播したことが予想される。文化元年（一八〇四）九月、美作国津山藩は、怠惰で不行跡な農民を対象とした「勧農所」という授産施設をつくった。ここには幕府人足寄場に似た内容を看てとることができる。やや時代の下った文政元年（一八一八）九月、出羽国庄内藩では「人足溜場」という施設を設置し、各種の追放刑にあたる犯罪者を収容し、収容期間中は強制労働を科した。この労役が有償であったことは言うまでもない（手塚豊「荘内藩の『徒刑仕法調帳』」『明治刑

法史の研究（中）』昭和六十年、初発表昭和三十七年）。

とにかく、十八世紀中葉、熊本藩に誕生した徒刑が、我が国のその後の刑罰制度の中に一つの潮流を生み出したことは確かなようだ。江戸時代においてこの潮流がどのような広がりを見せたのか、これを見極めることが今後の課題である。

人足寄場の創設と熊本藩の徒刑制度

はじめに

二月十九日、寄場人足たちにとって嬉しい日である。寄場の創設記念日にあたり、この日は人足たちに赤飯がふるまわれた。今を距てる二百年以上も前の寛政二年（一七九〇）の同日、幕府の人足寄場が創設された。この日、老中松平定信は寄場の名称を「加役方人足寄場」と定め（「寄場起立御書付其外共」）、運営の現場責任者として、火附盗賊改加役の長谷川平蔵を「寄場取扱」に任命した。御存知の通り、設置の場所は隅田川河口の石川島。それ故、巷間では石川島人足寄場と呼ばれることが多い。佃島に隣りあっていたから、時に佃島人足寄場とも称された。

人足寄場の趣旨と処遇法

人足寄場は主として刑餘の無宿を収容する施設として発足した。寛政の前の天明年間（一七八一〜八八）には、奥羽地方を中心に大飢饉が発生し、多数の餓死者が出てその惨状は目をおおうばかりであったと言われる。そのような有様だから江戸には数多くの無宿が入り込み、幕府はその対策に頭を悩ましていた。定信自身の語るところによると、天明末年の頃には浅草や品川の溜《ため》に収容した無宿が千何百人にも及んでいたが、一年間に千人程が病を得て死亡したという（『宇下人言』）。

そこで定信は、天明八年（一七八八）十一月、盗みの罪によって敲、入墨、入墨の上敲の刑に処した無宿はもはや「無罪之無宿」であるから、門前払にはせず、ただちに溜預けとして佐渡金銀山の水替人足に差遣すべきことを三奉行（寺社・町・勘定奉行）に命じた（『御触書天保集成』ほか）。しかし定信は、溜預けの無宿に対して、佐渡水替人足ではない別な処遇法を摸索していた。

翌寛政元年八月、定信は自藩の白河藩に溜預けの無宿五人をもらいうけて農耕に従事させることにした。同様に、御三家の水戸藩では七人、奥州泉藩（藩主は本多忠籌《ほんだただかず》、幕府側用人）では三人の無宿を引き受けた（『よしの冊子』）。これは人足寄場の設立を視野に入れた実験的な試みであったと言えよう。

定信は、人足寄場に次のような役割を期待した。第一は、江戸市中の治安の確保。敲や入墨などに処した「無罪之無宿」を門前払として再び江戸市中の徘徊を許したのでは元の木阿弥である。そこでこれら犯罪予備軍とも言うべき人々を、隅田川河口の砂洲に隔離して江戸市中の安寧を保とうという訳である。第二は、無宿対策に要する経費の節減。無宿を溜に入れて無為徒食させるよりは、人足寄場にて仕事をさせ、経費の幾分かでも稼ぎ出す方が安上りである。第三は、寄場収容者に日々労働を課してその間に心根を改善し、健全な人間として社会復帰させることである。

人足寄場制度の最大の眼目は、第三の役割に存したと思われる。収容者に対する次のような処遇法は、第三の役割を達成するために採用されたと考えれば納得がいく。人足寄場では収容者各人ができるだけ得意な作業に就けるようにと各種の仕事を用意し、かつこの労働に対価を支払うことにした。対価の何分の一かは寄場役所が天引きして積立てておき、釈放の際にまとめて支給する。これをもって当座の生活費や就業資金に充てるのである。私はこの一連の処遇法を①作業有償制、②強制積立の制、③元手の制と呼んでいる。

寛政四年十二月、初代の寄場奉行村田鉄太郎は、収容者全員を寄場役所に集め、次のことを申渡している。すなわち、作業でつくりだした製品は売却し、売上げは原材料等の必要経費を差引いて本人に支給する。もっとも支給額の何割かは天引して溜銭とし、その溜銭が十貫文に達したならば、身元引受人が無い場合であっても釈放する。また、藁細工、掃除、堀浚えなど、稼ぎの少ない作業に就いている人足については、三貫文の溜銭で釈放すると。この申渡で注目すべきは、常々仕事に出精していて、もはや社会に戻しても差支えないと判断されれば、右の溜銭の額に達していなくとも不足分を役所が補充して釈放するとしている点である（「寄場人足旧記留」）。このことは、人足寄場制度が収容者の懲戒を主たる目的としているのではなく、改善に最も力点をおいていたということを物語っている。

したがって、人足寄場では収容者に向かって積極的に教育を施し、改善を促していた。心学の採用がそれである。寄場では月に三回もの休業日があり、この日は心学者が寄場に通って道話を聴かせた。刑務所教誨の先駆をここに看て取ることができる。初代の心学者は中沢道二《なかざわどうに》（一七二五～一八〇三）だった。彼は定信の依頼に応じて、人足たちに心のありようを説いた。他には、収容時における「申渡書」の読み聞かせがある。ここでは、本来であれば佐渡送りとする処だが「厚き御仁恵」をもって加役方人足とするので、「旧来之志を相改、実意に立かへ」るようにと諭している（『徳川禁令考』後集第一）。

次に、人足寄場が収容者の精神的慰安に配慮したことを指摘すべきだろう。寄場には稲荷社が鎮座していた。寄場創設とほぼ同時期に、長谷川平蔵が人足たちの要望を容れて四間に一間の稲荷社を建立したのである（「寄場起立」）。病気などの逆境下にある人足にとっては、さぞや心休まる存在であったろう。ちなみに、この寄場稲荷は石川島監獄署、巣鴨監獄と引き継がれ、今日では塀の外ではあるが、府中刑務所の敷地内に鎮座している。

この寄場稲荷の大祭の二月初午には、創設記念日と同様、赤飯が出た。そのほか正月三箇日には雑煮餅と鮭の塩引、暑中の一日には泥鰌汁、八月十五日と九月十三日の月見には団子汁を口にすることができた。また五節句は休業日で赤飯。そのうち七夕は素麵だった（「寄場人足取扱方手続書」）。このように年中行事を祝うことは、収容者の情操を養うことであり、改善を期待しての教育的処遇であったと言えるだろう。もっとも、寄場が五節句、月見、暑気払いなどの行事をいつ頃始めたかは判然としない。

寄場人足はしばしば水玉人足と呼ばれた。これは柿色地に水玉を染め出した法被を着用していたからである。収容時には水玉の多い法被、二年目には水玉の少ない法被、釈放が近づくと無地柿色となった。これは累進処遇的な措置と言える。そして釈放間近の優良な人足には、外使《そとづかい》といって寄場役人の戒護なしに江戸市中に外出することが許された。寄場製品の売却や納品、あるいは仲間の人足に頼まれた買物などの用を足したのであろう。要するに、社会復帰のための予行演習ともいうべき処遇法が存したのである。

その他、人足寄場制度の中で特筆すべきは、寄場運営に賤民身分の者が携わらなかったことである。人足たちに直に接して戒護し、職業訓練等を指導するのは下役と称する寄場役人だった。下役は高二十俵二人扶持のれっきとした士分である。寄場創設の当初、もっぱら小普請組から任用された（「寄場起立」「小役人帳」）。

以上に述べた処遇法は、江戸時代のそれとしては極めて先進的である。これは人足寄場が収容者の社会復帰、つまり更生を最終目的としていたからこそ採用された、改善主義にもとづく処遇法であると考えられる。

人足寄場は「無罪之無宿」のほかに、不埒を働いた中間などの武家奉公人を、三年を刑期と定めて収容した。創設後三十年を経た文政三年（一八二〇）十月、幕府は江戸払以上重追放の判決を受けた者も寄場に収容することにした。追放刑の者の収容年限は五年を基準としており、釈放は立入禁止外の身元引受人に引渡すことにしていた（『徳川禁令考』後集第一）。寄場にはこのような人々をも収容したが、これらの収容者に対しても右に述べたような処遇法を適用していた。このようなことから、人足寄場は研究者を始めとして、法曹や矯正の実務家の間から高い評価を得ている。昭和四十九年刊行の『人足寄場史』（人足寄場顕彰会編、創文社刊）が副題を「我が国自由刑・保安処分の源流」としているのは、その評価の代表例である。

人足寄場の先蹤——熊本藩徒刑制度——

人足寄場創設以前、幕府の無宿対策には享保の新規溜案と安永の無宿養育所とがあった。新規溜案とは、無宿を収容するための溜を新規に設置し、この施設内において無宿に得意な作業や藁細工などをさせ、作業での製品は幕府が買い上げたり江戸市中に売却して運営の経費を自弁しようという案である。享保六年（一七二一）九月と同八年十月の両度、評定所で審議されたが結局は実施されなかった（『享保撰要類集』第一）。

無宿養育所は安永九年（一七八〇）十月、南町奉行牧野《まきの》成賢《しげかた》の計画によって深川茂森町に設置された施設で、「無罪之無宿」を収容した。しかし、その実態はわかっていない。天明六年五月、六年足らずの存続期間で廃止されたので（『江戸会誌』二冊八号）、その事業は失敗に終わったとみられている。

勉強家の松平定信のこと、人足寄場を構想するにあたっては、幕府の過去の無宿対策にも注意を払っている（「宇下人言」）。しかし同時に定信は熊本藩の刑罰である徒刑《とけい》にも着目し、ここから多くの示唆を得たと私は考えている。

熊本藩の徒刑は、犯罪人を定小屋《さだめごや》と称する施設に拘禁して社会生活の自由を奪い、所定の期間、強制労働に従わせる刑罰である。刑罰の目的を収容者の更生すなわち社会復帰においていたので、江戸時代としては先駆的な処遇法を随所に見出せる。その徒刑は、宝暦五年（一七五五）四月、熊本藩の刑法典「御刑法草書」（本文五八条附録一条）の施行に伴って実施に移された。人足寄場に先立つこと三十五年前のことである。この刑法典では徒刑を「眉なしの刑」という名称で定めている。収容中、逃亡防止のため、髪型を総髪とし、かつ眉毛を剃り落したからである。刑期は一年、一年半、二年、二年半、三年の五等級があった。

熊本藩ではこの刑法典を大幅に増補改訂した「刑法草書」（八編九五条目一四二条）を宝暦十一年末頃から全面的施行に移した。ここでは八等級の徒刑を定め、笞刑を併科することに改めて笞六十徒一年、笞七十徒一年半、笞八十徒二年、笞九十徒二年半、笞百徒三年とし、さらに重い徒刑には入墨をも併科して刺墨笞百徒三年、額刺墨笞百徒三年、額刺墨笞百雑戸とした。額刺墨は額入墨、雑戸とは賤民のことで、この刑罰は三年間の徒刑に服役させた後に身分を賤民に貶めるものであった。死刑を宥すときにはこの刑罰を適用した。

熊本藩の徒刑には、幕府人足寄場と共通し、あるいは類似する処遇法が少なからず見出せる。まず第一は、作業有償制、強制積立の制、元手の制という一連の処遇法が存することである。徒刑囚の作業は本人得意の手業《てわざ》のほか、技能をもたない者には城普請、溝浚い、米搗、薪割等の仕事があてがわれた。この仕事に対しては少額ながら賃金が支給された。この点につき、「肥後経済録」という書（明和三〜五年〔一七六六〜六八〕頃の成立）には、「一日ニ六分宛之銭給り申候、尤毎日〱三分相渡し、酒ニても餅ニても望ニ給させ申候、又三分ハ役所ニ預ケ置、出牢之節相わたし申候」と見える。強制労働は朝八時より午後三時と時間が短いので、定小屋に戻ってから草鞋や筵作りの藁細工などをすることができた。これらの製品は市中に売却することが許され、その収益もまた自分のものとすることができたのである（「銀台遺事」）。

第二は、教化改善主義の考え方に立った処遇法である。定小屋収容時には徒刑囚に「向後慎之儀」を申渡した（「御刑法方定式」）。その具体的文面は知られていない。しかしおそらくは、これまでの悪業を悔い改めて収容中は仕事に精を出すようにといった事柄を説諭したのではないか。「慎之儀」の申渡は、人足寄場における「申渡書」とまったく同じ処遇法である。

徒刑制度にも人足寄場と同様、釈放時の身元引受の制があった。安永元年十二月の法令によると、釈放時には釈放者の居住する町の別当、丁頭、親類、五人組の各一人を出頭させ、一同に「教育之趣」を申渡し、釈放者には教示書を交付した（「雑式草書」）。教示書の具体的文面も今日不明だが、ここには釈放後の生活心得が委細に説かれていたのではないか。この時、出頭人一同には釈放者の就業の世話を命じ、釈放後の暮しぶりを毎月報告することを義務づけている。保護観察とも言うべき制度である。人足寄場における釈放者保護については、身元引受の制以外には知られていない。

熊本藩の徒刑囚は正月と盆の二度、先祖の墓参りが許されていた（「肥後経済録」）。ただ、藩内各地出身の徒刑囚をそれぞれの菩提寺に参詣させることはできないので、城下の宗旨を同じくする寺院に連れていった。その寺に先祖の墓はないため、本堂の御本尊を拝んだと考えられ、その際には住職が何らかの説教を聴かせたと推測される。そうだとすれば、年二度の墓参は、徒刑囚の精神的慰安を兼ねた、きわめて教育的な処遇法であったと見るべきで、人足寄場における心学道話や寄場稲荷の建立と同じ趣旨の処遇法であると言えよう。

第三は、熊本藩徒刑もまた人足寄場と同様、その運営に賤民身分の者が携わらなかったということである。徒刑囚に直に接して戒護するのは、廻役と称する足軽階級の者だった（「御刑法方定式」「肥後経済録」等）。

右にみた寛大な処遇と表裏一体をなす厳格な処遇もまた存した。それは逃走囚には死刑をもって臨むということである。総髪と眉無しという風貌のため、徒刑囚の逮捕は比較的たやすかったと思われるが、逮捕した後、定小屋の敷地内において即座に刎首に処す。その際、死刑執行を他の徒刑囚に見物させて見せしめとするのである。熊本では宝暦五年四月の徒刑実施以降、人足寄場創設の年である寛政二年までの三十五年間に、六人の逃走囚が刎首に処された（「死刑一巻帳書抜」）。

幕府の人足寄場においても逃走の人足に対しては死刑を適用した。このことは収容時の申渡の折、人足たちに前もって告知している。それにもかかわらず、寄場開設間もない寛政二年三月三日、元羽根田村無宿市五郎なる者が逃げており、五月に入って逮捕された。長谷川平蔵は同月十八日、彼を寄場に呼び出して縄をかけ、死罪の判決を申渡した。平蔵はこの一部始終を人足共一同に見学させ、その見守る中、市五郎は身柄を小伝馬町牢屋敷に送られたのである（「寄場起立」）。死罪は翌日、牢屋敷にて執行された。死刑執行の場所に関して差異が存するものの、逃走者に対する処遇は、熊本藩と幕府とでまったく同一なのである。

以上に見たように、幕府人足寄場の趣旨とその処遇法の根幹は、先行する熊本藩の徒刑制度の中に見出すことができるのである。

むすび

熊本藩の徒刑制度もまた幕府の人足寄場制度も、その目的とするところは収容者の更生すなわち社会復帰にあった。それ故、教化改善という考え方に立つ様々な処遇法を生み出したのである。熊本藩の徒刑は追放刑に代替した刑罰であり、一方、人足寄場の制は「無罪之無宿」の門前払に代替する措置である。つまり、松平定信は熊本藩の刑罰制度を参考とし、これを無宿対策のための人足寄場に応用したといえよう。

なお、人足寄場には熊本藩徒刑に存しない先進の処遇法が存する。第一は、人足の身なりを平人と同じとしたこと。女人足には鉄漿《おはぐろ》をもつけさせた（「市中取締類集」人足寄場之部）。第二は、改悛の情著しい人足については、所定の溜銭の額に達していなくとも不足額を補充して釈放するという刑期短縮とも言うべき処遇法。第三は、釈放が近づくにつれて仕着せの水玉の数を減らしてやがて無地にするという累進処遇的な措置。第四は、釈放前処遇としての外使の制。「無罪之無宿」に用いる処遇法であったとは言え、いずれも高い評価が与えられるべきである。

ところで、松平定信は老中就任以前、熊本藩政を知り得る境遇にあった。天明五年の頃、奥州白河藩主の定信と九州熊本藩主細川重賢《ほそかわしげかた》の間には交流があったのである。書簡のやりとりをし、互いの江戸藩邸を訪問し合い、二人は対面して言葉を交わしたのである。天明五年、定信は藩主就任三年目の二十八歳、一方の重賢は六十六歳の最晩年で、この年の十月二十六日に世を辞している。この当時、細川重賢は宝暦の藩政改革をなしとげて見事熊本藩を立直した名君として、その名声が天下にとどろく存在だった。この二人の話の内容は、もっぱら「政務の要」「経済（経世済民）」のことであったと言われている。

つまり、松平定信は治政の要諦について細川重賢に教えを乞うたのである。

〔講演〕

会津藩「刑則」とその刑罰

はじめに

本日の講演は、「会津藩における罪と罰について」というタイトルでお話を頂戴したのですけれども、今も大塚實会長からご案内がありましたように、実は、会津史学会の皆様がすでに会津藩の「罪」について非常に詳細な研究をしておられます。さき程いただいた『歴史春秋』第五十号にも、「罪」についての特集「『会津藩家世実紀』に見える罪」の「下」が発表されています。従いまして、私は主に「罰」に関する事柄でお話を申し上げたいと思います。最初にその点をおことわりしておゆるしを得たいと存じます。

ここにお集まりの皆さんは、会津地方でお生れになり、長年こちらで生活をされた方が大多数でいらっしゃると思います。そういう皆様に会津に関する話をするのはおこがましいといいますか、多分私の話をお聞きになって、「ちょっとまてよ、あそこは違うんじゃないか」とかですね、「この点は会津地方では、そう言わないよ」とか、多くの誤りが出てくると思います。この講演が終わりまして、そういった点について教えていただければありがたいと存じます。

お手元の三枚綴りになっております資料を見ていただきたいのですが、一から五まで頁数がふってありまして、五頁目の一番最後に参考文献を何点か載せておきました。その中に、「会津藩刑則――解題と翻刻――」(『國學院大學日本文化研究所紀要』五七輯、後に拙著『日本律の基礎的研究』昭和六十二年、汲古書院所収)という「刑則」の本文を紹介した私の文章があります。昭和六十一年の発表です。その昭和六十一年にこの会津若松市を訪ねまして、市立会津図書館でいろいろ資料をみせていただきました。この時が会津を訪れた最初です。その頃は会津藩の正史である「家世実紀」が、まだ第九・十巻ぐらいまでしか刊行されていませんで、研究しようとする「刑則」という刑罰法規集――編纂されたのが寛政二年(一七九〇)三月ですが――その条のところはまだ活字になっていませんでした。そこで会津図書館で原本の写真版と、それのペン書きの翻刻原稿の控えを見せていただいたのです。ところが、あまりに膨大ですので、その時は「家世実紀」を検討することをあきらめました。そこで、とりあえず「刑則」の本文だけを紹介しておいたのです。

その後も「刑則」のことが気になっておりましたところ、その制定に関する史料が福島大学の附属図書館に所蔵されているということがわかりましたので、福島大学に行きましてそれを見せていただきました。平成四年九月のことです。そうしますと、「刑則」の編纂経緯が判かるたいへんすばらしい内容の史料だったのです。「刑則制定調査書」といいます。それで再び会津に何度か足を運びまして研究を致しました。その結果が「会津藩の『刑則』の制定をめぐって」(『國學院大學日本文化研究所紀要』七一輯、平成五年)という論文になったのです。この時はすでに「家世実紀」は全十五巻と綱文一巻が刊行されておりまして、簡便に利用できるようになっていました。「家世実紀」は内容が豊富なものですから、いろいろと学ばせていただいた次第です。

本日の講演は、刑罰の話で、しかも具体的な事例を示してお話するということではございませんので、退屈されるかも知れません。しかし、会津藩「刑則」という刑罰法規を研究することは、日本刑罰史を考える上でたいへん意義のあることだと私は思っております。どのような意義があるのか、これを皆さんに幾分でも伝えることができますならば、お話させていただいてよかったと思うのです。

一 「刑則」の刑罰体系

それではさっそく本題に入ります。「刑則」という刑罰法規集は寛政二年、西暦でいうと一七九〇年の制定です。江戸幕府では松平定信が筆頭老中として幕府の寛政の改革を必死に推進している時で、この年の二月に、幕府は隅田川河口の石川島に人足寄場を開設しております。ちょうど同じ時期の三月五日に、会津藩においては「刑則」という刑罰法規集を制定したのです。この時は、会津でも家老の田中三郎兵衛玄宰《はるなか》という方が中心になって寛政の藩政改革を実施している最中です。

田中三郎兵衛は藩政改革を推進するにあたって、天明七年（一七八七）、どのように改革をしたらよいかということをこと細かに書いた意見書を提出しております。その中で刑罰の改正についても述べております。この刑罰改正の趣旨がきわめて進歩的な内容をもっているのです。それが三年後に「刑則」となって実現するわけです。

「刑則」は、刑罰の種類、及びその刑罰をどのように運用したらよいかということを定めた一種の刑法典です。ふつう刑法典といいますと、例えば人を殺した場合には死刑又は無期もしくは三年以上の懲役に処すというように、犯罪とそれに対応する刑罰とが定めてあります。ところが、会津藩「刑則」というのは刑罰だけについて決めているのです。

「刑則」には、現在私が確認できた写本が三本ございます。その内の二つがこの会津に伝えられています。配付資料の「伝本」の箇所を見ていただきますと、筑波大学の附属図書館に一本、それから会津若松市の市立会津図書館に一本――これは写しが比較的新しいものであります。そして、もう一本が滝沢本陣の横山家に所蔵されており、全部で三本ございます。この「刑則」を初めて紹介した方は、手塚豊という慶應大学の先生で、――資料の最後の参考文献中に掲げておきましたが――「会津藩『刑則』考」（『慶應義塾創立百周年記念論文集（法学部）』昭和三十三年、後に手塚豊著『明治刑法史の研究（中）』昭和六十年・慶應通信所収）という大部な論文によって紹介しておられます。これは、市立会津図書館の写本をもとにして紹介されたものでございます。その後、昭和六十年に、筑波大学図書館にも「刑則」の写本が所蔵されていることを知りました。お手元の資料の最後にコピーがついていますが、これが筑波大学「刑則」の一部分です。

　これを見ていただきますと、「刑則」というものが刑罰配当図と箇条書の条文とから成り立っていることが判ります。刑罰図に徒刑――読みは果たしてトケイかどうか、地元ではズケイと読むのかも知れませんが、とりあえずトケイと読んでおきます――徒刑という刑罰は、半年から一年、一年半、二年、二年半と五等級があります。その半年の下の欄に小さい字で書いてあるのが従来の刑罰で、ここには越《こし》百姓というのでしょうか、「越百姓御城下構、同じく居村払、右以上の等を徒半年に換える、下これにならう」と記されています。従来だと越百姓御城下払あるいは越百姓居村払という刑罰を科す者について、今後は徒刑半年を科すという意味です。徒刑の刑罰配当図に続いて出てくる一つ書きが、徒刑の内容と運用の手続きを定めています。「刑則」とは、刑罰の配当図が九、一つ書きの条文が七一箇条、これらの本体に対して序文と跋文がついている、こういう体裁の刑罰法規集です。「主として刑罰の種類とその刑罰の内容を成文法にしたものであって、いわば局部的な刑法典にすぎない」、これは手塚豊先生が「刑則」を定義づけて述べられた文章です。

　次に「刑則」制定の意義について考えてみますと、会津藩では「刑則」を制定することによって従来の複雑で煩雑な刑罰体系を簡潔に整理し、かつ刑罰自体を従来よりも緩やかにした、ということになると思います。

その刑罰体系を具体的に見てまいります。武士の階級に対しては四種類一五等級の刑罰を定めました。最も軽いのが蟄居、部屋の中に閉じこめて謹慎させる刑罰で五日、一〇日、一五日、二〇日の四等級です。その次が閉門ですが、これは家の門を閉じて謹慎させる刑罰で、蟄居よりも重く、かつ謹慎期間も長いのです。これが四等級で三〇日、五〇日、七〇日、九〇日。それから揚座敷。これは別名「閑宅」ともいい、揚座敷というくらいですからおそらく畳の敷いてある座敷に閉じこめるというのが一年、二年、三年および永居、四等級です。永居は原則として無期の刑罰です。それから死刑が三種類で、切腹、白洲斬罪、牢内刎首です。牢内刎首が一番重い死刑ということになります。

庶人に対しては、笞刑、杖刑、徒刑、肉刑、死刑の五種類で二二等級の刑罰を定めております。笞刑が五、一〇、一五、二〇、二五の五等級。それから杖刑、これも笞打ちの刑で三〇、四〇、五〇、六〇、七〇の五等級あり、その次が徒刑です。徒刑もまた五等級で、半年、一年、一年半、二年、二年半です。それから肉刑、これは徒刑と肉体を損傷する入墨や耳鼻をそぎ切る刑とを組合せた刑罰で、四等級ありました。すなわち肩入墨徒二年半、額入墨徒二年半、耳鍘徒二年半、鼻鍘徒三年です。死刑は、刎首、誅伐、磔の三等級です。誅伐は写本によっては誅罰とも書いてありますが、袈裟切です。又、刑罰配当図に記されていない死刑として、放火犯罪に対する火焙りの刑が従前通りに存続しております。つまり、「火刑」が本文の第六一条に定められているのです。

武士と一般の人々の刑罰は、当時は身分制社会ですのでその処遇は当然違うのでありまして、このように整理したわけです。

会津藩の従来の刑罰はどうであったかというと、「刑則」以前の刑罰体系は、武士に対しては遠慮七等級、蟄居八等級、閉門六等級、追放四等級、死刑三等級で刑罰の種類も多く、等級も多かったのです。それから、一般の人々に対する従来の刑罰としては、過料銭が五〇〇文から一〇貫文まで全部で一三等級、いわゆる罰金です。それから押込が三日から一〇〇日までの一一等級、自宅に押し込める謹慎処分です。次が牢舎、つまり牢屋に入れておく拘禁刑ですが、これが一〇等級で三日から一〇〇日。続いて追放です。追放刑は、江戸時代の刑罰の中心をなすものとみてよいと思います。会津藩に限ることなく、江戸幕府はもちろんですし、様々な藩でも追放刑が刑罰の中心であったようです。追放刑というのは簡単なのですね。「お前はどこそこを立入禁止として、その外へ出て行け」という判決を下して、そこから放り出せばよいのです。その後は何も関知しないわけですから、きわめて簡便で費用のかからない刑罰ということになります。要するに、不都合な者を遠ざけるということです。会津藩の場合、町方人別の者に対しては一〇等級の追放、村方人別の者に対しては一四等級の追放がありました。最も重い追放は、額に入墨をした上、切縄のまま他邦永代払、つまり領分外への永久追放です。会津藩の場合も、追放刑は原則として生涯刑であったと思われます。

最も重い刑罰はいうまでもなく死刑です。刎首、誅伐、磔、火刑の四等級で、これらの刑罰そのものは「刑則」に受け継がれております。死刑という刑罰は、その藩にとって不都合な者の命を奪って永遠に遠ざけるという趣旨です。

「刑則」に記された九つの刑罰配当図を整理しますと、以上に申し上げたように、「刑則」の刑罰体系とそれ以前の刑罰体系の両方が判明するのです。両者をくらべますと、「刑則」に定める刑罰は種類が少なく、かつ緩やかになっていることがお判りいただけると思います。又、注目すべきことは、第一に押込、牢舎という拘禁刑に換えて笞刑、杖刑を採用したこと、第二に追放に換えて徒刑という刑罰を創設したことです。

二 「刑則」制定の趣旨

さきほど申し上げましたように、「刑則」には序文がございます。この序文は、尚書、礼記、論語等の儒教経典を引用した格調の高い漢文体のものです。この序文に「刑則」制定の趣旨が述べられており、会津藩の刑罰改革にかける意気込が感じられるのです。このような立派な序文をもつ他藩の刑法典を寡聞にして私は知りません。ただ、この序文はとても難解です。「家世実紀」の「刑則」制定の条に同じ趣旨のことが載っていますので、その記事に基づいて「刑則」に定める刑罰の立法趣旨を見てゆこうと存じます。

「家世実紀」はまず死刑について、「死罪も一等つゝ御宥被成」と記してあり、死刑を一等ずつ緩くしたことを述べ、次に、笞刑と杖刑の制定について次のように記しています。「罪の次第により過料銭、押込、牢舎、数段これあり候ところ、百姓町人は日々の渡世これあり、押込牢舎申し付け候えば渡世の道を失い」、つまり従来の押込とか牢舎という刑罰だと長くて一〇〇日間の謹慎処分になるわけです。そうすると、生計が営めません。この視点が大事なところだと思います。「渡世の道を失い、またまた心ならざる犯科にも至り候」、「よっては公儀においてたたき放ちと申す刑これあり」と続きます。幕府の「公事方御定書」では、軽い刑罰として敲《たたき》があります。敲には二種類あって五十敲と百敲があります。そういう刑罰が幕府にあるのだと述べて、新しい刑罰を採用するための理由づけをしております。

笞打ちの刑に関し、続いて「上代、和漢専ら取り行い候刑に候えば」と記しています。つまり、古代日本では大宝律令、養老律令という日本国家を形づくる基本法を制定しました。この律令のうち律という方が今日にいう刑法に当たるわけです。その中に笞杖徒流死といって、笞罪、杖罪の二種類の笞打ちの刑罰を定めております。この二種類の刑罰は、大宝律令をつくった時のモデルとなった中国の唐の律令に定めてある刑罰なのです。中国では古くから五刑という形で刑罰体系をつくっています。中国にも日本の古くにもある刑罰だということで、会津藩でも「笞杖の刑二等お設けになられ、一等は細き笞、一等重きは杖にて、いずれも臀を打ち候はば煩雑にもこれなく、笞刑は恥しめに懲り、杖刑はその痛みに懲り、再犯の者も少なくあいなるべく」云々。つまり、従来の押込、牢舎ではあまり懲らしめにならない。生計の途が断たれると同時に懲らしめにならない。それよりは、笞打ちの刑によって辱めと痛みを与えた方がよい。この刑罰は尻を殴打するのですが、原則として裸とします。裸にされることは、今も昔も恥ずかしいのでありまして、辱めを与える、それに懲りて二度と罪を犯さないようになる。つまり、笞杖刑の採用は、生計の道を絶たないこと、および恥辱や苦痛による懲戒を加えることによって再犯を防止するということにその趣旨があったと思います。事実、寛政二年序文の註釈は、笞杖刑という刑罰の意味について、「笞ハ細キ物ニテ耻シメルヲ重ニスルコト也、杖ハ太シ、耻シメル上ニ痛ムヨウニ打也」と述べています。

「家世実紀」は次には武士の刑罰について記しておりますが、遠慮、蟄居、閉門の三種二一等級の刑罰を蟄居、閉門の二種八等級に整備したことは、時間の関係で省略します。ただ、武士に対する追放の刑に換えて揚座敷を設けた記事の中に「他邦あほふ払之御仕置」と出てまいりますが、この刑罰の実態が不明です。津軽国の弘前藩にも武士に科す「あほう払」という追放刑があり、これは両刀を取り上げ、ざんばら髪、裸足にて追い払う刑罰であると伝えられています（黒瀧十二郎著『津軽藩の犯罪と刑罰』一四四頁、昭和五十九年、北方新社）。会津藩における「あほふ払」の実態について、地元の皆様に教えていただければありがたく存じます。

御城下払以下の追放に換えて新たに揚座敷という刑罰を設けるについて、「家世実紀」は、「他邦にて営み兼ね悪事を致し、御名前等出し如何に候間、新たに揚座敷を設け、年限をもって押し込め置く」と述べております。追放に処された者は生活が成り立たずに再び悪事をなすと述べられており、ここにも「生計の道」という視点が見られます。又、追放された武士が悪さをして捕まったときは、自分は会津家中の者だと名前を出すという。これは不都合なことだから、この度、一定の期間拘禁する揚座敷という刑罰を設けたのだと「家世実紀」は記しています。

次に「家世実紀」は、庶民の追放刑と死刑に関して述べています。「是迄越百姓御城下構、他邦払、あるいは鬢を剃り、入墨等の上他邦へ追払われ候者、……他邦へ追払われず、年限を以て小屋へ入置、日々徒役致させ」云々とありますが、この記事は、越百姓御城下構以下の追放刑に換えて半年から二年半に至る五等級の徒刑を創設すること、および肉刑のうち主として肩入墨徒二年半、額入墨徒二年半を創設することを述べたものです。又、「是迄刎首に相成候者は、徳翁様（三代藩主正容）御代もっぱら取行なわれ候耳鎩鼻鎩之刑に御宥なられ」という記事は、従来であれば刎首に処す場合を鼻鎩徒三年の肉刑に減軽することを述べたものです。なお、耳鎩徒二年半は、従来の「額に入墨の上、切縄のまま他邦永代払」に代替する刑罰です。前にも申し上げましたが、「刑則」に定める肉刑には徒刑が組み合わされております。この点は、注意しておくべき事柄だと思います。

この記事の最後には「追て赦免の節、相応に手当いたし、本所へ相返し候はば生産にも離れず」とあり、ここでも生計の道のことが考慮されております。加えて、刎首に相当する罪をすべて鼻鎩徒三年に減じたことは注目に値します。会津藩ではこの改革によって死刑数が大幅に減ったことと想像されます。

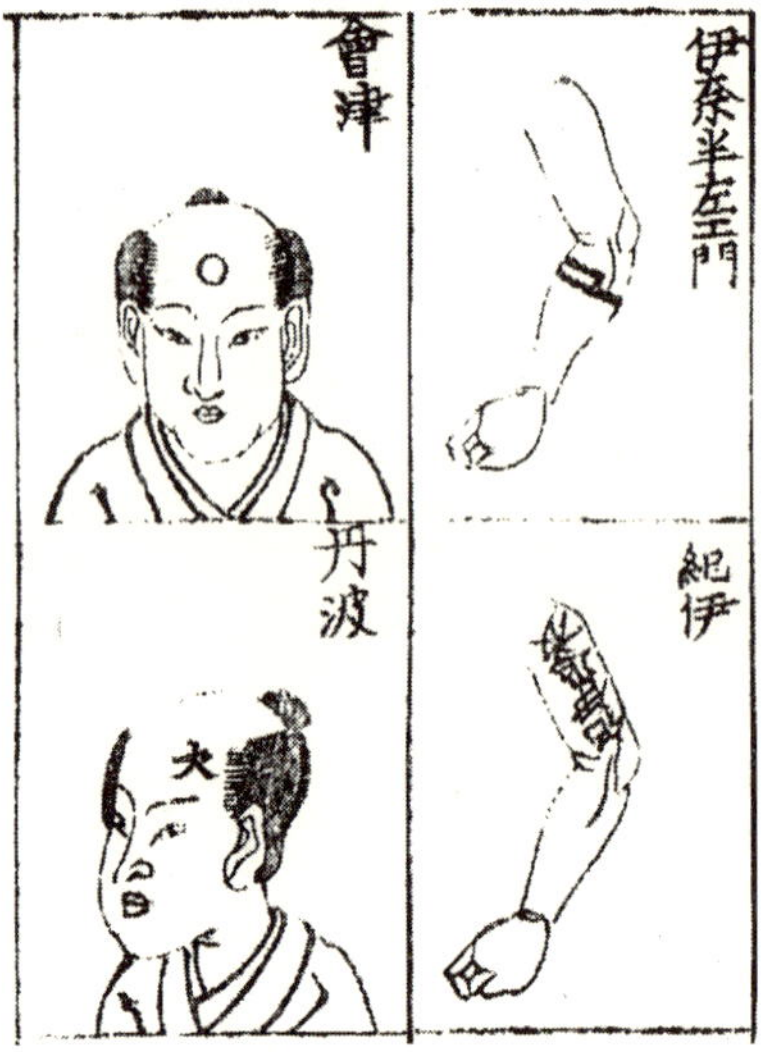

会津藩では鼻切、耳切、入墨等の肉刑を徳翁様すなわち三代正容《まさかた》の元禄十一年（一六九八）に廃止と決定しております。「刑則」はこれらの肉刑を徒刑と組合せて復活したわけです。このように、戦国時代や江戸時代初頭に行なわれていた肉刑が、江戸時代中期以降になって復活する場合がいくつかの藩において見られます。これを以て江戸時代の刑罰が厳罰主義であり、なんと残虐なのだろうかと批難する方々がおられますが、これは見方があまりに表面的にすぎるのではないでしょうか。死刑に該当するような者をなんとか生命を永らえさせようと考えた時、かつての肉刑を思い出したということではないでしょうか。つまり、肉刑の復活は厳罰主義の考え方に基づくのではなく、刑罰を緩やかにする手段として考えついたと思われるのです。もちろん、今日から見れば肉刑は残酷に違いないのですが、江戸時代中期以降の肉刑復活は、進歩の一過程として理解するのが正しいのではないかと思うのです。

「刑則」に定める鼻鍬、耳鍬という肉刑がどのように執行されたのか、その実態は明らかではありません。しかし、御三家の一、水戸藩で行なわれていた鼻剪の刑について、幕末頃の様子が伝えられています。それは、「『鼻そぎ』は床屋が請負いでやる仕事で、お鳥目とよばれた穴あき銭を囚人の鼻の頭にあてて、カミソリでそのてっぺんをそぐのである」というのです（山川菊栄著『覚書幕末の水戸藩』七一頁、昭和四十九年、岩波書店）。会津藩の鼻鍬もまた、穴のあいた板状のものを鼻の頭にあてて鋭利な刃物でそぎ切ったと思われますが、これはあくまで想像にすぎません。又、「刑則」に定める肩入墨と額入墨のことですが、肩入墨がどのような形の入墨であったか、私はいまだ突き止めておりません。しかし、額入墨については判ります。額の中央に丸印を刻したようです。会津藩の額入墨図が、大野広城著「（武家秘冊）青標紙」後編（天保十三年刊）に収載の入墨図の中に存するのです（前頁参照）。

三　笞刑と杖刑

「家世実紀」を中心として「刑則」制定の趣旨をみてまいりましたが、次に「刑則」の規定を通して笞杖刑や徒刑の内容について眺めてみようと存じます。

笞杖刑については、「刑則」第一九条に刑具の寸法が定められております。笞は長さ三尺五寸（約一〇五センチ）、手元の太さが直径で二分七厘（約八ミリ）、先の方が一分七厘（約五ミリ）です。手元の方が鉛筆やボールペンとほぼ同じ太さだと考えると笞のイメージが湧くと思います。杖は長さは同じですが、やや太くなります。打数は笞刑の場合、五、一〇、一五、二〇、二五の五等級で数が少ないのです。

杖刑もまた五等級ですが、三〇に始まって一〇ずつ増えて七〇が最高です。つまり、太い方のむちで数多く打つのですから、杖刑はそれだけ重い刑罰であったことが判ります。

ところで、会津藩では「刑則」を編纂するに際し、熊本藩の刑法典「刑法草書」からも学ぶところがあったと言われております。「刑法草書」にも一〇から一〇〇までの一〇等級の笞刑が定められており、その笞の規格は、長さ三尺程（約九〇センチ）、太さは円周で三寸（約九センチ）です。ですから、太さは直径にして約二・九センチになります。この笞は、藁を芯として苧縄を以て巻いて作製すると、材質と製法についても定められております。熊本藩では笞打ちの刑罰を採用するにあたり、堀平太左衛門という家老が自分で試しています。主人を打つなど恐れおおくて尻込みしている若党に命じ、自分の臀を打たせているのです。このようにして刑具の規格と打数を考案したらしいのです（高塩「熊本藩刑法の一斑──笞刑について──」『國學院大學日本文化研究所紀要』七二輯、平成五年）。

会津藩の場合、「刑則」は刑具の材質について何も記していません。ただ、大きさから推測しますと、鉛筆程度の太さで打数も少ないのですから、笞杖の刑具は、竹もしくは梅桃等の楚《すわえ》などで製した可能性が大きいように思います。後に述べます『志ぐれ草紙』では、「紙線（こより）にて巻きたる三尺餘りのものなり」と伝えています。

次に、笞杖刑の執行方法についてですが、これは「刑則」第二〇条に「犯人の臀を打ってその他を打つべからず。笞杖ともに片手をもって打つべし」と定めてあります。又、執行の場所については、第二二条に「牢屋構えの内において打つべし。もしその罪状、市に晒すべきものは市中において打て。あるいは定めの日数晒し候上、打ち候儀もあるべし」と定めています。情状の軽い場合は牢屋の敷地内で執行するわけです。しかし、罪状によっては市中において公開の処刑がなされ、あるいは何日間かの晒刑が附加される場合があったようです。旧会津藩士の小川渉という方の遺著『志ぐれ草紙』（昭和十年、飯沼関弥発行）を見ますと、笞杖刑の執行の様子を、

笞罪杖罪あり、（中略）これに処せられし罪人は大町札の辻即ち七日町の東端掲示場の下に出て、藁薦の上に平伏させ臀上の衣を払ひて撃ちしなり、

と書き残しています（三六頁）。小川渉は天保十四年（一八四三）の生まれですから、これは幕末の頃の有様を伝えていると思います。ちなみに、この方は『会津藩教育考』（昭和六年、同書発行会刊）という不朽の名著を著した人として知られています。

札の辻とは、法を公示するための高札を掲示した場所ですから、城下では多くの人々が行き交う地点です。その場所で多くの人々に見せしめて裸の臀を笞打つのですから、これに勝る恥辱はないのです。犯罪人はその恥辱と笞打ちによる苦痛に懲りて再び罪を犯すまいと後悔するわけです。他方、笞杖刑の処刑を見物する人々も、自分はこのような目には遭うまいと心に誓うわけです。前にも述べましたが、「家世実紀」はこのことを「笞刑ハ恥しめニ懲り、杖刑ハ其痛ニ懲り、再犯之者も少く可相成」と表現しているのです。

江戸時代において笞刑、杖刑あるいは敲という笞打ちの刑罰を採用したことは画期的なことであると、私は前向きに捉えております。会津藩の場合は、身柄を拘束する押込あるいは牢舎、又は過料銭に換えて笞杖刑を設けたのです。押込、牢舎が適用されるとその間は生計が営めなくなるのですが、笞杖刑は執行が済めばすぐに釈放されるので生計の途が絶たれることがないのです。他藩においては、追放刑に換えて笞打ちの刑を採り入れた場合も見られます。笞打ちの刑は、恥辱と苦痛による懲戒が大きな意味を持ちます。それは再犯の防止につながるということです。

四　揚座敷と徒刑

次に、揚座敷と徒刑について述べましょう。この二つの刑罰は、犯罪人を施設に拘禁して社会生活の自由を奪いますので、社会を犯罪から防衛するという効果をもっています。そして犯罪人本人を教化改善し、善良なる人間として社会に復帰させることを目的としています。すなわち、一石二鳥をねらった刑罰なのです。

揚座敷は士分に科す刑罰で、一年、二年、三年、永居の四等級あったことはすでに申し述べた通りです。揚座敷は収容者に「手跡学問」を学ばせることが刑罰の内容なのです（「刑則」第二条）。「手跡」とは、普通に考えて手習いのことと理解しております。「学問」とは果たしてどのような意味なのでしょ

うか。「刑則」の寛政二年序文は、揚座敷について「文学を講習す」と表現しています。そして、これを註釈した文章には、

　講習ハナラヒナロウコト、文学ノ文ハ、人タルノ教ヱ、国天下ヲ治ムルノ道ナレハ（中略）学トハ、師ヨリ受ル処ヲ云フ、唯受タルハカリニテ講《ナラ》ヒ習《ナラハ》サレハ、忠孝モナラヌ故ニ、習ヒヲカサネルコトヲ主トス、凡テ文学ノコトハ学校ヨリ教諭アルコトナリ、

と見えています。武士たるの身分にふさわしい「学問（文学）」として〝人たるの教え〟と〝治国平天下の道〟とを日々学ぶのです。それ故、揚座敷のための拘禁施設を閑宅と呼び、刑罰そのものも閑宅と称す場合があったのです。

文化六年（一八〇九）編纂の『新編会津風土記』（巻之十二）には、閑宅を説明して「凡士人罪ヲ犯シ、他邦ニ追放スヘキ者ヲハ、コレヲ捨スシテ此内ニ幽シ、日夜経義ヲ学ハシム」と述べています。収容者は「経義」すなわち儒教経典をもって人たるの教えと治国平天下の道を学ぶのです。「経義」を学ぶ方法は、収容者の自学自習によるのかというに、そうではないのです。前掲の寛政二年序文の註釈に、「学トハ師ヨリ受ル処ヲ云フ」「凡テ文学ノコトハ学校ヨリ教諭アルコトナリ」と見えているように、――学校とはおそらく藩校日新館を指すものと思われますが――藩校の先生が教えたのです。この教育方法は、幕末の頃も継続して実施されていたらしく、旧会津藩士小川渉は『志ぐれ草紙』の「揚坐敷の設立」の項に、「儒者は学校学館の先生を随へ、毎月六度臨席して教授するを例とし」と書き遺して

おります（一四五頁）。月に六度、日新館の教員を派遣して出張講義をしていたわけです。前掲序文の註釈には、「習ヒヲカサネルコトヲ主トス」と述べています。武士階級に科す刑罰であるとは言え、その中味がもっぱら学習であったとは驚きであります。

従来であれば、領分外追放などを適用し、不都合な人間を排除して済ませていたものを、十分なる世話を施して教化し、改善を達成して再び世の中に送り出そうというのですから、会津藩の刑罰思想が「刑則」の制定によって百八十度転換したと言っても大袈裟ではないと思います。

ところで、揚座敷という刑罰には刑期短縮と延長の制が存します（「刑則」第二条）。また、揚座敷の中の永居は原則として無期刑ですが、本人の謹慎次第で学校からの出張講義を受講することが許され、さらに改心の情が顕著であれば、やがて釈放される道も開かれていたのです（「刑則」第三条、『志ぐれ草紙』一四五頁）。これも刑期短縮の制と見做してよいでしょう。刑期満了前の釈放を明文をもって定めたのは、私の知る限りでは会津藩が最初です。以上のことから考えるに、揚座敷はその刑罰の主要な目的を犯罪人本人の改善に置いていたということが諒解されるのです。

庶人に適用する徒刑もまた追放刑に代替する刑罰です。徒刑に半年、一年、一年半、二年、二年半の五等級が存したことは、すでに申し上げた通りです。「刑則」は第二九条に徒刑のことを、

徒刑に行者は髪を切て証となし、終日辛苦煩辱之事を操らしめ、寒暑風雨之労に役して可懲之、雖然、雨雪甚敷、外役難相成節ハ、於小屋内役可申付之、

と定めています。徒刑囚は寒暑風雨の中「辛苦煩辱」の労役が強制されたのです。この労役には徒刑囚を懲戒する意味が込められています。寛政二年序文の註釈にも「徒ハ煩辱ノ事ニツカウテ懲ラシムル」と見えているのです。

「刑則」第二九条は、右の規定に続けて「期至る時ハ、其家に帰して可令附本業事」と定めております。又、寛政二年序文は徒刑について、

農商之類亦皆寘㆓之囹圄中㆒、而役㆓煩辱之事㆒、又教レ之、有下悔レ非改レ過、能勤㆓役事㆒者上、及レ期帰レ家、
与㆓米穀幾許㆒、令レ無レ失レ産、

と表記しています。前者には「本業に附かしむべき事」とあり、後者には「産を失うこと無からしむ」と記されています。つまり、徒刑という刑罰は、その最終目的を犯罪人の社会復帰に置いていたことが知られるのです。この最終目的を達成するため、収容期間中、一方で「辛苦煩辱」の労役によって懲戒を加えつつ、また一方では教育を施して改善を促していたのです。前掲序文には「又これに教ゆ」とあり、これの註釈には「犯科ノ次第ヲ告諭シテ本心ニ立カヱルヨウニ教ユルコトナリ」と記されています。徒刑囚に施す教育が具体的にどのようになされたのか、今のところ解明できていません。この点を会津史学会の皆様に突き止めていただければ、有難く思います。

前掲した寛政二年序文には、釈放時に米穀を支給することが記されています。この米穀は、就業の支度金と当面の生活費に充てるためのものだと考えられます。『志ぐれ草紙』によりますと、徒刑囚の労

役について、

徒刑は徒小屋《づごや》といふに入れおき、内にありては藁細工をなさしめ、外役は士家の望に任せ番人付添へ連れゆき木割、土方等に役し、その藁細工、土方等の賃は幾分を収めて他は放免の時付与せしことに聞けり、

と伝えていますので（三六頁）、徒刑作業は熊本藩に同じく有償だったのです。労役に対する日々の賃金を釈放時にまとめて支給したのが、「米穀幾許」というものだろうと思います。又、身寄が無く、かつ充分な稼ぎが望めない釈放者に対しても米を支給して生産の道を失うことのないような手当をしております（「刑則」第三〇条但書、『新編会津風土記』巻之十三）。会津藩は釈放者の自活にこのように意を用いたのです。

会津藩は、徒刑についても揚座敷と同様に、刑期短縮と延長の制を備えております（「刑則第三〇条」）。ただ、刑期短縮の制は寛政二年三月の時点では定められておらず、寛政八年に至る間に設けられたものと思われます。

なお、四等級の肉刑は徒刑を組合せた刑罰ですが、肉刑の徒刑もその労役に関しては一般の徒刑と同じに扱います（「刑則」第三九条）。また、徒刑は女性に対してもこれを適用し、奴と称します（「刑則」第三一条）。更に、罪状によっては肉刑もまた女性に適用すると定めています（「刑則」第三九条但書）。

会津藩の徒刑制度は、教育による改善ということを明文でうたっていることが特長といえましょう。

刑期満了前釈放の制は教化改善主義の到達点であると言えます。

　徒刑を女性に適用することも会津藩徒刑の特色に数えあげられます。熊本藩の徒刑制度および熊本藩が参考とした中国の明律においては、女性に対して徒刑を適用しないのです。ただ、越後国の新発田藩（外様大名溝口氏五万石）は、会津藩よりも一〇年遅れた寛政十二年（一八〇〇）に「徒罪規定書」を制定して徒罪を採用しましたが、女性の徒罪を想定して収容施設を二部屋としております。会津藩からの影響の有無については未詳です。

五　「刑則」運用上の原則

　私たちは「刑則」全七一箇条中、第六八番目の条文に注意しなければなりません。なぜなら、「刑則」適用上の原則がここに定めてあるからです。第六八条は次のような条文です。

　前々ゟ行れ来る所、数多之所当、大凡に其軽重を分ち、士庶刑罰之等目へ配賦せしむるといへとも、是其大概を分属する也。故古例之配賦に遍遇《（適偶）》する者雖有之、必しも其配賦にのミ不可拘、抑揚して随其宜可為判断事、

　この条文は、おおよそ次のように訳せるでしょう。

　この「刑則」は、前々より行なってきた数多くの刑罰を大体に軽重を分ち、それらを士人と庶人と

の刑罰体系のそれぞれの刑種と等級に割当てたが、それは大雑把に割振ったにすぎない。それ故、従来からの割振りとたまたま一致する場合があったとしても、必ずしもこの割振りにのみ拘泥しないで、（時勢状況等に応じて）強弱をつけて宜しきに従って判断しなさい。

文末の「抑揚して随其宜可為判断事」が重要なのです。手塚豊氏の表現を借りるならば、この条文は「刑則適用上の弾力性を明示し」ていると言えます（前掲書二八〇頁）。「刑則」は各々の条文においても、「其宜ニ随ひ批判可申出候事」（第八、九、四八、六〇、六一条）、「従其宜可為判断事」（第七、一七、三七、四七、五六、七〇条）、「可随其宜事」（第四二、四三、五八条）というように、各規定の柔軟な適用を指示しています。さらに、第六二条には「右之法格に不拘、其宜ニ応し批判可申出事」と見え、第六六条にもまた「其法格に不拘、各随其宜可為判断事」と見えており、その条文の規定に縛られるべきでない場合の存することを強調しております。

これらの事柄から推測しますに、「刑則」という法規集はあくまでも刑罰適用の一応の基準を定めたものにすぎないのであります。それ故、文化二年（一八〇五）七月の追加法を見ますと、隠売女、博奕質物等の犯罪に過料の刑罰を科すべきことを、

過料之所当ヲ以、笞杖之刑ニ換ルト雖トモ、隠売女或ハ博奕質物等之類ヲ始、其外制木盗伐等、凡て風俗取締之為ニハ、事跡ニ寄リ、却テ過料ノ所当ニテ相当之者モ可有之候条、其宜ニ随ヒ、前々之例ヲモ取組批判可申出事、

と定めています。又、「家世実紀」には、「刑則」制定以後の記事に、追放刑を適用する事例が依然として散見されます。その他、たとえば「家世実紀」文化元年五月十一日条には、女性に対して「奴小屋へ永居」という「刑則」に存しない刑罰を科す判決が出されているのです。

ところで、「刑則」は、江戸藩邸においてもこれを適用することになっています。ただし、笞刑、杖刑は押込、牢舎に振替え、徒刑と揚座敷については犯罪人を会津に護送して科すことと定めています（第七一条）。また幕府からの預地である南山御蔵入領における犯罪に対しても、原則として「刑則」を適用することになっています（第五七条）。

六　中国法との関係

「刑則」が中国明代の刑法である明律を学んでいることは、手塚豊氏が指摘されたところでありまして、これは正鵠を射ております。この点につき、寛政二年序文には「継二先公之餘意一、参二考唐明之律一、従レ宜損二益之一」と見え、寛政八年序文でも同様に「承二先神君之遺意一、参二三代之制一、考二唐明之律一、従レ宜損益」と記されているところです。中国法参酌のことはそもそも、藩政改革を推進した田中三郎兵衛が天明七年（一七八七）二月に表明した改革意見書の中で、「御代々之旧例、明律等ニ因る批判致」あるいは「御代々之先例を跡、事ニ寄明律等を見合申出候様」と主張していることに淵源を有するのです。

いずれの序文にも「唐明之律」と出てまいりますが、これは修辞の句であって実際は明律の方をおもに参照したことと思います。『志ぐれ草紙』にも「我が藩には刑則ありて明律を斟酌せられ定められしものと聞く」と載っていて（三六頁）、幕末の頃、「刑則」は明律に学んでいるという認識が地元の人々の間に存したことがうかがえるのです。

「刑則」編纂の当時、最も容易に参照が可能であった明律は、『官准刊行明律』（九冊、享保八年刊）でしょう。この本は明律の原文を校訂して訓点を施したもので、八代将軍徳川吉宗の指示によって上梓されています。この仕事は、幕府儒官の荻生観《たすくる》（北溪、一六六九～一七五四）が兄の徂徠たちの協力を得て行ないました。流布させることを目的として刊行したものですので、入手することはたやすいことだったと思います。

又、明律の註釈書として当時もっとも権威をもっていたのは、『大明律例訳義』（一四巻、享保五年の成立）です。この本もやはり将軍吉宗の命によって著述されたものです。著者は和歌山藩の儒者高瀬喜朴《きぼく》（学山、一六六八～一七四九）です。この本は、明律の逐条和訳の書です。著者は平易で簡潔な訳文を心がけている上に、各条文の大意と難解な用語に対する解釈も施しておりますので、この本は明律を理解する上にとても役立ちます。この註釈書はかなり大部ですので刊行されることはなく、筆写本で伝えられました（平成元年にいたり、本書の全文が翻刻出版されました。小林宏・高塩博共編、創文社）。

会津藩は両者を参照したと思いますが、とりわけ『大明律例訳義』が「刑則」の編纂とその運用に重要な役割を果たしたと私は考えております。かつて私は、『大明律例訳義』が判決のよりどころとして利用された実例を「家世実紀」の中から紹介したことがあります。それは文化元年（一八〇四）五月のこと、与力の竹内鶴次郎親幾太郎と中六日町栄蔵妻きんとの密懐事件において、幾太郎に揚座敷永居、きんに奴小屋永居という判決が下された一件です。事件の経緯については省略しますが、会津藩の公事所は、男女同罪の論拠として『大明律例訳義』の刑律・犯姦編犯姦条を引用したのです。しかも明律条文の訳文を引用したのではなく、著者高瀬喜朴の施した註釈の部分を引用して判決の論拠としたのです。このことから考えますに、会津藩においては『大明律例訳義』がその明律条文の訳文ばかりでなく、註釈部分についても大変高い権威をもっていたということになります。『大明律例訳義』の利用について、わずか一例を紹介したにすぎませんが興味深い事実です。

又、「刑則」の改訂増補に携った人物に浮洲次郎左衛門重民という方がありましたが、彼が『大明律例訳義』を抄録して所持していたという事実も忘れてはならないと思います。抄録箇所は、冒頭の五刑と条例（追加法）の第一条まで、及び名例の応議者犯罪条の条例と職官有犯条・犯罪自首条とのそれぞれ一部分です。これらの抄録は、福島大学附属図書館に所蔵する「刑則制定調査書」と題する史料の中に含まれています。

以上の二つの事実は、拙稿（「会津藩『刑則』の制定をめぐって」）の中でかつて指摘した事柄なのですが、この度の講演をお引受けして、「刑則」についてあらためて考えをめぐらせますと、『大明律例訳義』は、実は「刑則」制定の段階で大切な役割を果していたことが判明したのです。それ故にこそ、『大明律例訳義』は「刑則」を運用する上においても判決の論拠となりうる権威を持ったのだということが合点されるのです。

すでに述べましたように、会津藩は「刑則」の制定によって笞刑、杖刑、徒刑という新しい刑罰を採用いたしました。採用にあたって例えば幕府の敲を参考としたり、あるいは熊本藩の笞刑や徒刑に見習う点があったことと思います。それと同時に、笞杖刑や徒刑の刑罰思想については、『大明律例訳義』からより多くを学んだと私は考えるのです。

第一に、笞杖刑の刑罰思想は、すでに見ましたように、「家世実紀」の「刑則」制定条に「笞刑ハ恥しめニ懲り、杖刑ハ其痛ニ懲り」と表現されています。この文言はおそらく、左に示す『大明律例訳義』の笞刑および杖刑の項の註釈に依拠して作文されたのだろうと考えられます。

笞は恥也。人を恥かしめ、こらすために設たる者なり。笞は荊の節をけづりて作る。長さ三尺五寸、本の頭、径し二分七厘、末の太さ、さしわたし一分七厘にこしらえて、犯人の臀を撻て、恥辱をかゝせ、こるゝやうにす。女は単《ヒトヘ》のものをきせて、その上よりうつ。但、姦婦《フギシタルヲンナ》はきせず。罪の軽重によりて撻《ウツ》数かはれり。

杖は笞より大にして、撻て痛むやうにして、こらすためにせり。杖の長さ三尺五寸、本の太さ径三分二厘、末の太さ径り二分二厘。これも笞と同じく、荊の節をけづりたるにて作る。撻やう笞とおなじ。これも罪により、杖の数かはれり。

「刑則」の第一九条に笞杖刑の刑具の規格を定めていますが、右の註釈に見えるのとほとんど同じです。又、「刑則」第二一条は、市中において笞杖刑を執行する場合のあることを定めており、その場所が大町札の辻であり、その執行法が裸の尻を打つことであったことは『志ぐれ草紙』が伝えています。つまり、この執行法は「笞は恥也」の考え方を具現したものなのです。

第二に、徒刑という刑罰についての考え方は、「刑則」第二九条に「終日辛苦煩辱之事を操らしめ、寒暑風雨之労に役して可懲之」と見えています。徒刑は犯罪人を教化改善して社会復帰を目指す刑罰ですが、収容中は「辛苦煩辱」の労役による懲戒を加えるのです。「辛苦煩辱」の強制労働に使役するという考えは、『大明律例訳義』の徒刑の項の註釈に、

徒《ト》は奴《ト》なり。つかひものとなして、辱《ハヅカシ》め辛苦さする事なり。作事方へやりて色々の事につかひ……

と記されているところから導かれたものと思います。

なお、寛政二年序文の註釈——おそらくは浮洲次郎左衛門の施した註釈であると思われますが——その一節に、「笞ハ細キ物ニテ恥シメルヲ重ニスルコト也、杖ハ太シ、恥シメル上ニ痛ムヨウニ打也、徒ハ煩辱ノ事ニツカウテ懲ラシムル」という文言が見られます。これも前掲した『大明律例訳義』の註釈を参酌して作文した可能性があります。

縷々申し述べた事柄を一言で言い表わすならば、徳川吉宗の命によって著述された『大明律例訳義』

という註釈書が、「刑則」の編纂と運用との両面において重要な役割を演じていたということなのです。「刑則」と中国法との関係について、さらに附言しておきましょう。すでの手塚豊氏が指摘されたところですが（前掲書二七九頁）、「刑則」はそもそもが中国法を補充法として利用することを想定して編纂がなされております。「刑則」はその第五九条に、

凡て可宥訳有之者ハ、随先規、或ハ律之八議に因り、時俗に応し取捨弁別して批判可申出事、

という規定を置いています。これは、罪を宥すべき特殊事情のある者についての規定です。ここに「律之八議」と出てまいりますが、「八議」というのは、唐や明の中国律に出てくる用語であり、議親、議故、議功、議賢、議能、議勤、議貴、議賓という八種類の身分のことです。『大明律例訳義』の註釈によって「八議」のもつ意味を示せば、

人により罪をおかしたるとても、みだりに法の如く刑罰に行ふ事をせず、委細に奏聞し、諸役人をあつめ、吟味すべき旨をいひ立、そののちに其次第をまた奏聞して、思召次第に罪に行ふやうにするを議と云。其類八色あり。

というものなのです。つまり、「刑則」はその運用において唐明の中国律を補充法とすることを初めから想定している訳です。そこで推測しますに、補充法たる中国律のうち、もっとも重視されたのが『大明律例訳義』ではなかったかということです。

むすび

以上に述べたことから諒解いただけると思いますが、会津藩は「刑則」を制定することによって、刑罰制度上の一大変革をなしとげたのです。その結果、「刑則」に定める刑罰には幾多の先進の内容を見てとることができるようになったのです。それら先進の内容は、幕府および熊本藩の刑法を参考としたことは言うまでもないのですが、中国律、とりわけ明律の註釈書である『大明律例訳義』からも多くを学んでいるのです。

片や、「刑則」序文が「承㆓先神君之遺意㆒、参㆓三代之制㆒」と記すように、「刑則」制定にあたっては、藩祖保科正之公の統治精神と、それに続く第二代正経《まさつね》公から第四代正容《まさかた》公の政策を尊重して参照したことが述べられています。改革を実践する者にとって、先代を踏襲する旨の文言は半ば常套句であるとも言えますが、肉刑の採用などは先代の政策を参酌した具体例であると言えましょう。

寛政二年（一七九〇）制定の「刑則」は、戊辰戦役で会津藩が終焉を迎えるまで、つまり慶応四年（一八六八）九月までは、会津藩の刑事基本法としてその効力を保ち続けたと思われます。その間、およそ八〇年です。このことの根拠は、旧瀧沢本陣の横山家本「刑則」に天保十四年（一八四三）正月までの追加法が見られること、それから何度も引用した、小川渉遺著『志ぐれ草紙』が幕末の頃の様子を書き残していることなどです。

以上で拙い講演を終わります。長時間にわたり、御清聴下さいまして有難うございました。

南湖の「士民共楽」と江戸の飛鳥山

はじめに

福島県白河市の南湖公園は大正十三年（一九二四）十二月、国の史蹟名勝に指定された。その折の「説明」の文に、

遊覧ノ勝区トシテ池沼ヲ中心トシタルモノハ其ノ例多カラズ、支那洛陽名園記中ニ於ケル湖園ノ趣ヲ移シタルヲ以テ、久シク其ノ名ヲ伝称セラル、白河楽翁ノ夙ニ経営シ民衆ト共ニ楽シミタルノ地トシテ特ニ著名ナリ（読点および傍点引用者、以下同じ）

という一節が見える。史蹟名勝の指定に際し、「民衆ト共ニ楽シミタルノ地」という点が評価されているのである。

一　南湖開鑿の意味

白河藩主松平定信は、当時大沼と呼ばれていた谷津田川《やんた》の沼沢地を浚渫し、下流側に堤防を築いて湖を出現させた。今からちょうど二百年前、享和元年（一八〇一）四月の完成である。これが南湖である。「南湖」の名称は、小峰城の南に位置することと、唐の李白が洞庭湖を詠んだ詩の一節「南湖秋水夜無煙」にちなむものと言われる。したがって漢詩には「南湖」と詠む。また和名もあって、和歌の上には「関の湖」と称す。

南湖の完成によって、南湖の西・南・東側の低湿地帯の新田開発が可能となり、文化年間に学田新田が設けられた。学田新田とは、ここからの収益を藩校立教館の運営経費に充てるための新田である。むろん、この新田には南湖の水が灌漑用水として利用されている。

白河は海から遠く離れた地であるから、定信は舟を造らせ、湖面での操舟訓練を実施した。文化七年（一八一〇）二月、白河藩は会津藩と共に江戸湾防備のために上総・安房の海防を担当することになったが、この時の操舟訓練がすぐさま役立ったという（後述「感徳録」）。

南湖の開鑿事業は、(1)灌漑用水の確保、(2)新田開発のための条件整備、(3)操舟訓練や水練の場所の確保等、実用的な意味をもつ。開鑿や築堤の工事には、老人や婦女子も雇ったというから公共事業の性格も見られる。しかしながら、南湖開鑿を行なった定信の眼目は、右の実利的効果もさることながら、ここを「士民共楽」の行楽地として整備することに存したと思われる。

定信は、湖面の北側の「鏡の山」の麓の眺望のきく場所に茶室を建て、これに「共楽亭」という名をつけた。この茶室は八畳二間で、北側を除く三方に縁側をめぐらせた簡素な造りとなっている。この茶室の特徴は、二間の境に敷居や鴨居を設けず、欄間の位置に竹を通しただけという点にある。茶室のこのような建て方は、南湖に遊んだ人々が身分の高い者も低い者も別隔てなく寛ぐことができるようにとの配慮からである。定信がこの趣旨を、

山水の高きひききも隔てなく
　共にたのしき円居すらしも

と詠んだことはあまりにも名高い。

南湖の「月待山」の山裾には、南湖の由来を記した石碑が建っている。立教館教授広瀬典（一七六八～一八二九、字以寧、号蒙斎）の撰文、撰筆になり、文化元年（一八〇四）八月の日付を有する。「南湖碑」とも「南湖開鑿碑」とも呼ばれる。その碑文によると、「田に漑《そそ》ぎ民を肥し、衆とともに

共楽亭

南湖開鑿碑

に舟を泛《うか》べ、以て太平の無事を娯むべきなり（原漢文）」と開鑿の目的が記されている。

白河藩士で絵をよくした人物に岡本茲奘（生没年未詳、号穆堂）がいる。彼は定信の「古画類聚」「集古十種」の編纂に従事すると共に、南湖の真景図を描き、これが今日に伝えられている（口絵参照）。茲奘はまた、定信の善政を記した「感徳録」七巻（天理図書館蔵）を書き遺している。その巻第四に南湖を記述しており、往時の南湖の様子を知るのに、真景図と共に貴重な記録となっている。その記事には、「士民と共ニ楽しミ給ふ御盛慮もて御亭樹（ママ樹）を経営せられ、諸士始め遊娯を許されけり」とあり、「四時に渡り士民つとゐ来り遊娯せり」とも見える。この記事によれば、定信は士民共楽の趣旨をもって南湖とその周辺を整備したのであり、その地は春夏秋冬、年間を通して士民に開放されていたのである。

同じく白河藩士の駒井重倫（一八〇九〜三四、号晩翠）にも「南湖記」という文章があり（広瀬蒙斎編

「近治可遊録」(国会図書館蔵)所収)、そこには次のような興味深い一節が存する。

世の苑囿陁《はち》池亭榭を設くるは、独り深く重門を鎖《とざ》し、その遊楽を恣《ほしいまま》にす、以て人の寓目を禁ずる者は、老公の此挙を見て、亦まさに愧死《きし》すべきなり、(原漢文)

※愧死…深くはじる

右の「老公の此挙」とは、定信が「士民共楽」の南湖を開設したことを指している。すなわち、駒井重倫は、南湖が公開された遊楽地であるのに対し、一般に「大名庭園」と呼ばれる場所が大名の独占物であることを批判しているのである。その意味において、南湖を「大名庭園」の概念で捉えるのは適切ではないように思う。

二　南湖の植栽と十七勝十六景

岡本茲奘の「感徳録」によれば、南湖には桜・松・楓・桃が植樹され、湖岸には萩が植えられていたらしい。茲奘の描く南湖真景図を見ると、湖岸には萩のみならず柳らしき木々も植えられている。南湖は那須連山の遠望、関山の近望を借景とし、四季折々の風光を愛でることができたらしく、定信は小峰城在城の折、時々出掛けては詩歌の催しを開いている。

熊本藩出身で掛川藩の儒者松崎慊堂(一七七一~一八四四)は、掛川藩致仕後の文政元年(一八一八)、

季節はおそらく夏、広瀬蒙斎を訪ねて江戸からはるばる白河藩にやってきた。白河では問屋常盤克誠の家に二泊しているが（「白川常盤君墓表」『慊堂全集』巻十）、その間の一日は鏡沼村庄屋常松仲遷（菊畦）、須賀川北町庄屋吉田長美らと南湖に遊び、舟を泛べて涼をとりながら酒を酌み交わしている。その折の文章が「南湖」と題して「近治可遊録」に収載されており、そこには「北山万松如流、少将公（定信）又間栽桜三千株、春夏之交、芳菲満山」という一節が存する。定信は南湖の北山の松の間に三千本の桜を植樹したらしいのである。

定信は南湖の湖岸やその周囲の整備にあたり、自然の地形や景観を尊重してできるだけ手を加えず、自然と人工とを調和させるよう努力しているという。南湖整備に見られるこの特徴は、定信が小峰城内に営んだ三郭四園、江戸築地の下屋敷に造営した浴恩園などに見られる作庭手法に共通するといわれている。

定信は享和二年（一八〇二）の秋、家老吉村又右衛門の別荘湖月亭が「鏡の山」のふもとに竣功したのを祝って南湖を訪れた。この時、広瀬蒙斎、広田憲令ら四人が景勝の地を選んでこれに名をつけ、僧白雲が傍らでこれら景勝の絵を描いた。定信はこれを可とし、陪従の臣に詩や歌を徴した。こうして南湖十七勝が定まったというのである（「近治可遊録」所収の広田憲令「陪遊湖月亭記」）。

この十七勝中、「共楽亭」とその背後の「鏡の山」の二勝については、定信自身が和歌をよみ、「関の湖」「真萩が浦」「松虫の原」「千代の堤」等の十五勝については、定信と交流のあった公家や大名にその歌を求めている。定信は、この他に十六景を選び、これに「一字松」「松涛原」「玉女島」「鹿鳴峰」などという漢字三文字の名をつけた。十六景は漢詩をもって詠まれ、これら漢詩は諸藩や自藩の儒者に徴している。

文政三年（一八二〇）八月、十七勝十六景の詩歌は、大学頭林衡《たいら》（一七六八～一八四一、号述斎）の「白河城外南湖詩二十韻」と併せて、一枚の石碑の表と裏に彫刻され、共楽亭の隣りに建てられた。石材は遠く仙台藩石巻より運ばせた大石で、藩内の石工に修業をさせた上で、これに彫らせたのである（「感徳録」巻第四）。

南湖の由来を記した石碑が広瀬蒙斎の撰文によって文化元年（一八〇四）に建てられたことは、すでに述べた。碑文によると、大庄屋の市原紘稠と常松敷紹とが相談の上で建てたことになっているが、南湖の創設者である藩主松平定信の承諾をとりつけた上での建碑であったことは言うまでもなかろう。

三　飛鳥山における「衆楽」と名所づくりの手法

南湖における「士民共楽」の思想は、その淵源を江戸の飛鳥山に求めることができよう。飛鳥山（現、東京都北区王子）は、江戸の花見の名所として知られた名勝であり、幕府八代将軍徳川吉宗が、武士階級のみならず農工商の人々も楽しむことのできる行楽の地として整備した場所である。

飛鳥山碑（北区飛鳥山博物館写真提供）

徳川吉宗は享保五年（一七二〇）、まず桜の苗木二七〇本を植え、翌六年にはその桜の間に楓、松それぞれ一〇〇〇本を混ぜ植えとし、更には桜一〇〇〇本を植樹した。これより十二年を経た享保十八年（一七三三）、成長した桜はいよいよ見頃を迎えた。吉宗はこの時、桜見物を士分のみならず一般の人々にも許可し、それら見物客の休息や飲食の便に供するため、水茶屋十軒の営業も認めた。つまり、飛鳥山はこの時公開されたのである。

飛鳥山は幕臣野間氏の拝領地であったが、元文二年（一七三七）、吉宗はこれを一旦幕府に収公し、飛鳥山に隣接する金輪寺にすぐさま寄進し、これの管理をゆだねた。この間の経緯について、成島和鼎《なるしまかずさだ》（後述する成島道筑の子）の「飛鳥山碑始末記」巻之一盛典（寛政十二年）は、

其日、飛鳥山を官地になしをかるゝにより、人はゝかりて花見に来る人なし、衆と共に楽しむ意に応せす、金輪寺に給ハるへきよし、　上意あり、

と語っている。「其日」とは、元文二年三月十一日、吉宗が飛鳥山に花見に出掛けた日である。この記事によれば、吉宗は「衆と共に楽しむ」目的をもって飛鳥山を整備して桜を中心とする植栽を施し、ま

たこの目的を達成するために飛鳥山の土地を金輪寺に寄進したのである。

飛鳥山にはその後も桜をはじめとして、松、楓、つつじなどが補植され、花見を中心とする庶民の行楽は一段と盛んになった。松平定信が幕府老中として寛政改革を推進している頃、飛鳥山は江戸の名所として全国に聞えていた。飛鳥山が有名となったのは、花見のせいばかりではない。吉宗の名所づくりの手法が大きくものを言ったのである。

その第一は、「飛鳥山碑」を建ててその地の由緒を記したことである。すなわち、元文二年閏十一月、江戸城吹上の庭に置かれていた紀州の大石に碑文を刻んで飛鳥山の山上に建てたのである。その偉容は今日も見ることができる。撰文ならびに書は白河出身の成島道筑（一六八九〜一七六〇、名信遍《のぶゆき》、号錦江）。幕府の表坊主にして、吉宗に近侍した儒者である。碑文はもちろん漢文であるが、難解なことで名高い。

飛鳥山を著名ならしめた第二は、景勝の場所に典雅な名称を与え、これに漢詩あるいは和歌などを詠んで見どころをこしらえたことである。享保十八年四月、大学頭林信充《のぶみつ》（一六八一〜一七五八、号榴岡）は「飛鳥山十二景詩」を発表し、これにより飛鳥山からながめる四周の眺望が景勝として知られるようになった。ついで元文四年（一七三九）九月、「飛鳥山十二景倭歌」が狩野友信の挿絵入りで刊行された。この書は、飛鳥山十二景を十二人の幕臣が和歌をもって表現したものである。寛延三年（一七五〇）には、俳句による飛鳥山十二景がやはり絵入りで刊行された。こうした名所づくりが文人墨客の興趣をそそり、江戸名所としての飛鳥山の地位をますます確固たるものとした。

むすび

周知のように、松平定信は将軍徳川吉宗の孫にあたる。定信は祖父吉宗を尊敬しており、吉宗が進めた幕政改革の諸政策については、熟知していたと思われる。それだからこそ、定信が老中に就任した際、「以後、一に吉宗公の享保の政治に遵拠すべき旨」を宣言したのである。したがって、定信が幕府の寛政改革を断行するについて、吉宗の諸政策を参考としたことは言うまでもないが、藩主として白河藩政を執るについても、吉宗の政策に学び、それを応用した政策が見られたとしても何ら不思議ではない。

定信は大沼を浚渫して堤防を築き、前述したような様々な実用に供するにとどまらず、その地を「南湖」と命名し、ここを「士民共楽」の地として植栽し整備した。この発想は、吉宗の飛鳥山の「衆と共に楽しむ意」すなわち「衆楽」の思想にその源を求めてよいと思われる。定信は「飛鳥山の花を見て」と題して、

おほかたの花をのどかに見る人も
　御代のめぐみは知るやしらずや

と詠んでいる（三上参次『白河楽翁公と徳川時代』明治二十四年）。このような遊楽の地を開設したことは、「経済（経世済民）」、すなわちいかにして世の中を治めて庶民の生活を寧んぜしめるか、ということを常

日頃から念頭に置いて政治を行なった松平定信ならではの政策であると言えよう。

南湖と飛鳥山との共通点を求めるならば、(1)遊楽の地として整備するにあたって自然の地形を利用し、桜、楓、松等を植樹していること、(2)建碑によってその場所の由緒を後世に伝えたこと、(3)景勝の地に典雅な名称を附与し、和歌や漢詩でそれを詠むことによって名所づくりをしたこと、が挙げられる。

翻って南湖の意義を考えるに、南湖は後楽園、六義園、育徳園などの大名庭園と異って、「園」の文字を使用していない。このことに留意すべきである。これは、南湖には境界を区画するための柵や垣根を設置しなかったということであり、これが重要な意味をもつ。そのために、一年中、士農工商のどの階層の人々であっても南湖に自由に遊ぶことが出来た。また、白河は城下町であると共に奥州街道の宿場町でもあるから、旅する人々は往来の途次、南湖に脚を伸ばして春には桜、秋には紅葉を愛で、夏には湖上の涼風にしばしの休息をとることができた。すなわち南湖の意義は、境界のための物理的な垣根を設けなかったことにより、士農工商という身分の垣根、自藩他藩の垣根を取り払ったことに存する。このことは徳川吉宗の飛鳥山に源を発する。南湖の「士民共楽」、飛鳥山の「衆楽」は、まさに文字通りの意味をもったのである。

なお、南湖の「士民共楽」を手本として遊楽の地を開設した藩のあることを付記しておく。それは千歳山という遊観の地を開設した津藩である。津藩では藩校有造館の督学である津阪東陽（一七五七～一八二五）の献策を入れ、文政八年（一八二五）、津城の南郊の藩有林千歳山に松桜楓を植え、山の下の池堤には柳楊を配し、ここを士分階級のみならず一般庶民もまた自由に遊ぶことのできる行楽の地として開放した。

〈主要参考文献〉
○吉川需「松平楽翁公と白河の南湖」
○佐川庄司「松平定信と五つの庭園」㈠〜㈢（『月刊建設』二〇〇〇年十一月〜二〇〇一年一月号）
○『史跡名勝南湖公園保存管理計画書』（昭和五十七年、白河市教育委員会編集発行）
○『白河市史』第七巻・第十巻（平成四・五年、白河市編纂発行）
○小野佐和子『「衆楽」の意味するもの』（『造園雑誌』四六巻五号、昭和五十八年）
○小野良平「飛鳥山にみる名所づくりの思想」（『造園雑誌』五一巻五号、昭和六十三年）
○『北区史』資料編近世1（平成四年、北区史編纂調査会編、東京都北区発行）
○『飛鳥山――北区立郷土資料館シリーズ13』（平成四年、東京都北区教育委員会発行）
○高塩博「津藩の「揚り者」という刑罰――徒刑思想波及の一事例――」（『栃木史学』一二号、平成十年）

〔付記〕
本稿を草するにあたり、佐川庄司氏（白河市歴史民俗資料館学芸員）、石倉孝祐氏（北区飛鳥山博物館学芸員）の御教示にあずかった。記して謝意を表するものである。

立教館初代教授本田東陵の墓碑銘

一

陸奥国の白河藩十一万石は、松平定信が藩主に就任すると、藩政上の様々な改革を実施する。藩校立教館の創設もその一つである。立教館は、寛政三年（一七九一）十月、城下の会津町（現、白河市会津町）に長屋造一棟の仮りの造営が竣功し、翌年正月二十二日をもって開講した。定信は、その初代教授として熊本藩出身の本田東陵を起用したのである。教授は教学の責任者であって、今日で言えば差し詰め大学の学長と言ったところであろう。

本田東陵は、熊本藩の藩校時習館の初代教授秋山玉山（元禄十五年（一七〇二）～宝暦十三年（一七六三））の門に学んだ朱子学の徒である。恩師玉山は時習館の創設（宝暦五年（一七五五）正月開講）にあたって「時習館学規」を著して藩校の規模や内容を定めたが、門下生東陵もまた立教館の創立に際して「学館記」を草し、そこに藩校創立の目的や藩校の機構などを記している。「学館記」に記すところの立教館の機構には、時習館の機構に相通じるものがあると言われている。つまり、白河藩の立教館は、その創

本田東陵の墓域（白河市・関川寺境内）

設にあたって熊本藩の時習館を参考としたことが窺われるのである[1]。従って、本田東陵は立教館創設の功労者でもあるのである。

二

本田東陵はこのように白河藩の功臣の一人であるのだが、彼の経歴を伝える資料は意外に少ない。管見では、本田東陵の墓碑銘、文部省編『日本教育史資料』四の旧桑名藩の「本田東陵小伝」（四四四～四四五頁、明治二十四年）、およびこれらの史料を利用しつつ独自の記事をも含む武藤巖男編『肥後先哲偉蹟』の本田東陵の伝（正続合巻五五〇～五五一頁、明治四十四年、隆文館）が主たる史料である。中でも墓碑銘がもっとも豊かな内容を有し、且つもっとも信頼に足る史料と言えよう(2)。

この墓碑は、白河市字愛宕町の曹洞宗寺院の東光山関川寺境内の本田東陵の墓域に存する。東陵は寛政八年(一七九六)三月十六日に没すると、小峰城の南に位置するこの関川寺に葬られたのである。墓石には「長流院雄学宗英居士塔」との戒名が彫られ、右側面に「東陵先生墓」、左側面に「俗名本田龍蔵」、裏面に「寛政八丙辰年三月十六日」と刻まれている。墓碑は現在、この墓石の左手に建っているのだが、その碑面は損耗と剝落が甚だしく、銘文は今日ほとんど読むに堪えない。このように風化が激しいのは、墓碑の石材が地元白河に産する安山岩質凝灰岩であるからである。この石材は白河石と呼ばれ、石質が軟らかいのである(白河石を用いた石碑の中でも、東陵の墓碑銘は痛みの激しい部類に属するという)。

しかし、幸いなことに、この墓碑の銘文は、昭和十六年刊行の深谷賢太郎氏著『松平定信公と敬神尊皇の教育』七〇~七一頁に採録されている(本書は白河藩立教館について最も豊富な内容を備えている(3))。とは言うものの、深谷氏が採録した時点において、この銘文には判読不能の文字が多数存したのである。深谷氏はこのことを「墓畔に門人等の建つる所の墓表があるが、誌文磨滅して僅かに読むを得べきものは左の数百字に過ぎない」と記している(七〇頁)。深谷氏の録文三七九文字のうち、判読不能のための闕字が六八文字にも達する(4)。

三

従って、本田東陵墓碑の銘文は今日その全文を知ることができないと考えていたのだが、実は磨耗損傷を被る以前の銘文が遺されていたのである。白河藩士駒井乗邨（明和三年〔一七六六〕～弘化三年〔一八四六〕）が、「鶯宿雑記」の中に筆録しておいてくれたのである。彼は鶯宿と号し、「鶯宿雑記」本録五六八巻目録一巻、別巻四〇巻目録一巻を書き遺した人物である。現在、「鶯宿雑記」は国立国会図書館に五七六巻五七六冊が所蔵されている（三四巻分が欠本）[5]。

東陵の墓碑銘は、その第三九二巻に「東陵先生墓碑銘」と題して収録されている。今、これを次頁に掲げる。傍点を付けた文字は、深谷氏録文において判読不能であったものである。又、括弧内の文字は深谷氏録文との異同を示したものである。

東陵の墓碑銘は、前述したように剥落が甚だしいのであるが、佐川庄司氏（白河市歴史民俗資料館学芸員）の協力を得て判読を試みたところ、次の諸点が判明した。その第一は、前藩主定邦を指す「先君寛光」、現藩主定信を指す「公」（三箇所）がいずれも平出となっていることである。第二は、「鶯宿雑記」と深谷氏録文との間の異同に関し、(1)「龍造寺氏」の「氏」字の存すること、(2)「講学授徒」の四字の存すること、(3)「先君寛光」が正しいこと、(4)「創建学宮（館）」はおそらく「創建学宮」が正しいこと、(5)

東陵先生墓碑銘

廣田憲令　本田先生門人ノ最タル人也

故立教舘教授東陵先生、諱常安、字文仲、肥後隈本人也、其先肥前龍造寺（氏）之支子也、至二純
一者一出嗣(祖)二母屋一、冐二本田氏一、先生好レ学、事二秋玉山先生一、及二業成一也、僑二居伏見一、（講レ学授レ徒）、
後移二東都一、明和中解二褐於吾(我)藩一、事二先君(考)寛光(国)公一、尋加レ禄若干、来二白河一教二藩子弟一、翕然無レ不二
従受レ学、今　公襲レ封、尊(以)儒重(之)レ道創二建学営(館)一、命二先生一以二教授任一、特進二其班一、伴読陪遊卒(率)無二虚
月一、公手二書尚玄亭字一、以賜レ之、尚歯宴亦賜レ杖優焉、方二其病一也(ナシ)数賜二薬餌一、其易簀也遣レ医視
レ之、公之於二先生一礼待(遇)可レ謂レ至矣、以二寛政八年丙辰三(ナシ)月既望一卒、(ナシ)享年七十二、葬二城南関川
寺一、先生徳宇寛裕、学術王固、善誘循々、使二人不レ能レ罷、今在二学識一者、(ナシ)概(卒)(ナシ)乎出二其門一也、(又)
傍通二技藝一最善二楷書一、善飲温克、毎(矣)二義曰一率二弟子一游二放山水一、誦詠極レ歓而帰、其雅致足二以動レ人
矣、及二其卒一門生義故執レ紼者殆傾二市朝一、初在二隈本一聚(娶)二上村(村上)氏一生二一男一夭、再娶二山尾氏一先卒(光子)、
生二一女三(二)男一、女夭、長男尚之(常)、字子英、天資豪邁殆箕裘、年二十四卒、次（男）伊吉亦夭、妾小
泉氏生二四男一、長夭、次常行今為レ嗣、次三(徒常総)午次類尚幼、銘曰、多士授レ経済々有成(感)、斯人不レ起其
奈二後生一（門人）、

「享年七十二」の「享」字の存しないこと、(6)「生一女二男」が正しいこと、(7)「其奈後生門人」の「門人」の二字が存しないこと、などである。

銘文は本文に続いて撰文、撰書、建立者の名が三行に刻まれており、深谷氏著書はこれを「門人　広田憲令□撰／門人　加太□常書之／男　本田常行建之」と採録している。そのうち、一行目の闕字だけは、かろうじて「謹」と読める。深谷氏著書によると、この三人は立教館に深い関わりを持つ人々であり、広田憲令と本田常行はそれぞれ学頭をつとめ、加太□常は書家として知られる賀孝啓《がこうけい》のことである（七一頁）。賀孝啓（生年不詳～天保十二年〔一八四一〕）は立教館習書師の役に任じられ、白河藩内の「感忠銘」「浮屠碑」等の碑文にその書が遺されている。(6)

なお、東陵の墓石の右手には小型の石柱二本が安置されており、そこには門人十九人の名が彫られている。判読に誤りがあるかも知れないが、参考のために紹介しておく。第一の石柱には、正面上部に「門人」とあり、その下に三行で「宮崎政令／山中政澄／大崎正□」、右側面には「成田□明／豊田□《政か》常／金子明叙」、左側面には「林智充／入江兼□／神山高意」という名がそれぞれ彫刻されており、裏面には「寛政八丙辰年／春三月建之」と建立の年月が記されている。第二の石柱には、正面上部に「門人」とあって、その下に「福井正典／山本富直／谷口字孟」、右側面に「成合□邦／市森守□／兼松正其」、左側面に「牛込重懿／松浦正直／天谷正義」とあり、裏面には「鈴田親常」という門人名とともに第一の石柱と同じ建立年月が彫られている。立教館の学問や本田東陵の学統を知るよすがともなれば倖いである[7]。

また、東陵の墓石の左手、すなわち墓碑の手前には小振りの墓石二基が配されている。これらは女性の墓石であり、東陵の親族と考えられる人々なので、そこに彫られた文字も採録しておこう。第一は「性智院一空妙園大姉」の墓石で、右側面に没年が「文化十一甲戌年／七月廿七日／本田氏」と三行に彫られている。第二は、「皓月院桂峯智香大姉」の墓石で、右側面には「文化十四年丁丑／八月七日」、左側面には「本田氏」とある。

四

以上、本田東陵の墓碑銘を不完全ながらも、ともかく復旧することができた。これは、駒井乗邨、深谷賢太郎という白河にゆかりの二人がそれぞれに銘文を記録しておいてくれたからである。

なお、東陵の伝のうち、『日本教育史資料』『肥後先哲偉蹟』は享年を四十八とし、これらを承けた『近世藩校に於ける学統学派の研究』（七一九頁、笠井助治著、昭和四十四年、吉川弘文館）や『国書人名辞典』（四巻三四四頁、平成十年、岩波書店）等も四十八歳とする。しかしながら、墓碑銘に刻まれた七十二歳が正しい。その根拠として一例をあげるならば、東陵は主君定信の著「志をたつるの文」に跋文を寄せており、その末尾に「文学本田常安賤庚七十謹書」と記す。これは没する二年前の寛政六年（一七九四）八月二十一日の日付を有するのである（「鶯宿雑記」第二〇二巻）。

本田東陵の伝として、今日もっとも精確なのは、おそらく『三百藩家臣人名事典』（二巻一二八頁、野崎健二郎執筆、昭和六十三年、新人物往来社）であろう。今後、東陵の伝記史料の発掘がなされ、その経歴がより一層明らかになることを期待するものである。

最後に、東陵の著作について付言し、筆を擱く。『国書総目録』には、東陵の著作として、①小沢玄淑伝一冊、②学館記、③艱厥篇訳一冊、④地方要集録一巻、⑤治地略考、⑥童子問一巻、⑦東陵先生遺稿、⑧東陵文集二巻の八点が録されている。そのうち④⑥⑧は『近世漢学者著述目録大成』（関儀一郎・関義直編、昭和十六年）からの採録であって、現在それらの伝本は所在が確認できない。それ故、東陵の著作は今日五点が知られているということになる。しかし、「鶯宿雑記」には上記以外の東陵の著作が三点収載されている。それらは「於立教館東陵先生演説」（第二〇二巻）[8]、「北越官舎学矩」「春昭太夫人墓碑銘」（共に第三九二巻）である。[9]

なお、⑤の「治地略考」もまた「鶯宿雑記」（別録第九巻）に収録されており、天明四年（一七八四）六月の自序、ならびに門下生林克之の跋文とが存する。これらの序跋によれば、本書は東陵が藩主定信に献上する目的で輯録したのであり、内容は「其見聞所及、農畝之制、土功之法、吏治之末事」にわたっている。つまり、本書は地方書と言うべき性質の書である。[10] 天明四年という年は、前年に藩主に就任した定信が初入部した年である。定信は七月一日に白河の小峰城に入った。時あたかも、東北地方は前年以来の大飢饉が襲っている時であり、本書はそのような時の序文を有するのである。本書献上の目的は、このような状況から考えるに、定信の白河藩治に何らか役立ててほしいと願ってのことであろう。

註

（1）深谷賢太郎『松平定信公と敬神尊皇の教育』八三頁（昭和十六年、北海出版社）。

白河藩の久松松平氏は、定信が藩主を退いてから十一年後の文政六年（一八二三）、伊勢国桑名に転封となった。それに伴ない、立教館は桑名城下の伊賀町に移設され、第二代教授広瀬蒙斎をはじめとする教師陣も桑名に移住した。桑名藩立教館はそれ以降、明治維新を迎えるまで存続した。

（2）本田東陵に関する史料の少ない理由の一つとして、東陵が白河の地に没した後、藩主家が桑名に転封となったことが挙げられよう。

ちなみに、和田綱紀編『楽翁公と教育』（明治四十一年、九華堂）には付録として「碑文集」があって、ここには広瀬蒙斎（第二代）、大塚毅斎（第四代）、片山恒斎（第五代）、南合果堂（第六代）など立教館の歴代教授をはじめとして、二十二人の墓碑銘が収録されている。これらは、桑名藩時代に没し、あるいは桑名藩時代に生を享けた人々ばかりである。

（3）深谷賢太郎氏（明治二十六年〔一八九三〕～昭和三十一年〔一九五六〕）は、その著『松平定信公と敬神尊皇の教育』の執筆の前後、福島県立白河高等女子学校、同白河中学校に奉職し、戦後は白河町教育課長を経て、昭和二十七年、白河市の初代教育長に就任した。本書の他に、『目醒めたる生命の苦悶』（大正十一年、大明堂書店）、『（要提）文検修身科の組織的研究』（昭和五年、啓文社）、『結城宗広』伝記の部前編（昭和十六年、結城宗広事績顕彰会）などの著書がある（『白河市史』一〇巻八六五頁、平成四年、白河市編集発行、深谷健「父のこと、母のこと」同氏著『つぶやき——教育を考える——』二二五～二二六頁、昭和六十年、著者発行〔白河市〕）。

（4）東陵墓碑銘は、昭和初年頃には損耗すでに甚しく判読がかなり困難な状態であった。そこで、昭和十年（一九三五）四月、福島県立白河中学校、同白河高等女学校、町立白河商業学校、町立第一～第三尋常高等小学校の地元各学校の校長らが中心となり、相談役に郷土史家村越慶三を迎え、また時の関川寺住職も加わって「東陵先生碑」と題する墓碑をあらためて建立した。この昭和の墓碑も東陵墓域にあり、正面後部に一際大きく建っている。その銘文は、

東陵先生、諱ハ常安、通称ハ龍造、姓ハ本田、肥後熊本ノ人ナリ、楽翁公ニ仕ヘテ立教館最初ノ教授トナル、経世済民ノ学ニ長ジ、詩文ヲ能クス、公ノ信任厚ク衆望アリ、寛政八年三月十六日、病ヲ以テ卒ス、享年七十有二、関川寺ニ葬ル、先生逝キテ百三十餘年、墓表磨滅シテ殆ント読ム可カラス、乃チ新ニ碑ヲ建テ、以テ後昆ニ伝フ、

というものである。『白河市史』一〇巻（各論編、平成四年）は、「頌徳碑」の欄にこの昭和の碑文の方を採録している。

（5）駒井乗邨と「鶯宿雑記」については、田口栄一「『鶯宿雑記』内容紹介と索引」（『参考書誌研究』三六号、平成元年）参照。因みに、註（2）の『楽翁公と教育』に駒井乗邨の墓碑銘が収載されている（「碑文集」五頁）。

（6）『三百藩家臣人名辞典』一巻一二一頁（昭和六十三年、新人物往来社）。

（7）石柱に刻まれた十九人の門人のうち数人については、『桑名市史』補篇（一一八三～一一九〇頁、昭和三十五年、

桑名市教育委員会）、伊藤信夫編『桑名人物事典』（昭和四十六年、三重県郷土資料刊行会）ならびに『白河市史』一〇巻第三編人物（平成四年）を検することにより、その経歴がある程度判明する。

まず、林智充はおそらく林克之のことであろう。克之は広田憲令らと共に立教館最初の学頭に就いた。後述するように、克之は天明四年（一七八四）六月、師東陵の著作『治地略考』に跋文を書いている。

成田□明とはおそらく成田竹軒のことであろう。名を行明という。立教館創設とともに句読師に就き、後に学頭に進んだ。学頭に進む前には書物奉行の任にあった。広瀬蒙斎らと「白河風土記」の編纂にも携った。禄一六〇石。天保九年（一八三八）、六十九歳にて没した。

鈴田親常について確かなことは不明である。寛政年間の立教館学頭に鈴田有常があるが、親常はこの人物と関係を有するか。なお、有常の次男勇蔵も学頭に進んでいる。

成合□邦とは成合又太夫のことであろうか。又太夫は四天流居合の師範であり、文化年間に立教館学頭であった。

門人中のその他の人々については、寛政二年（一七九〇）九月改正の「分限帳」（『桑名藩史料集成』三五六〜三六六頁、平成二年、桑名市教育委員会）の中から、関係ありそうな人名を挙げて後考に備えることとする。

第一の石柱について、宮崎政令に関しては宮崎伝兵衛（三二〇石、奏者番）、宮崎権太夫（一六〇石、使番）および宮崎三郎兵衛（一九石三人扶持、金奉行）、山中政澄に関しては山中久五郎（一八石三人扶持、馬回（ママ以下同じ））と山中弥平（八石三人扶持、大手馬回）、大崎正□に関しては大崎八之右衛門（八〇石、馬回）、豊田□常に関しては豊田市右衛門（一七〇石、使番）、豊田右源太（七〇俵四人扶持、書院番）、豊田梅次（一〇石三人扶持、馬回）など、金子明叙に関しては金子権太（二〇〇石、物頭）、入江兼□に関しては入江軍兵衛（一九〇石、用人）とその嫡子衛守（大小姓）、神山高意に関しては神山源左衛門（二三〇石、取次頭取）、神山波衛、神山音弥（いずれも大小姓）の名がそれぞれ存する。

第二の石柱について、福井正典に関しては福井元八（七〇石、馬回）、山本富直に関しては山本助之進（二六〇石、物頭）と山本軍次（一五石三人扶持、金奉行）、谷口字孟に関しては谷口鉄次（一二石三人扶持、大手馬廻）と谷口林蔵（二〇石三人扶持、当分番外）、市森守□に関しては市森伝次平（一四石三人扶持、大手馬廻）、兼松正其に関しては兼松弥門（一三〇石、武具奉行）、牛込重懿に関しては牛込何右衛門（一八石三人扶持、大手馬廻）、松浦正直に関しては松浦朔右衛門（一五〇石、書院番）とその嫡子朔兵衛（勘定頭）の名が見える。なお、白河藩において「天野」をアマヤと訓むならば天谷正義に関する人名として天野逸作（一三石三人扶持、馬回）とその嫡子逸平次（右筆）が存する。

東陵墓碑に「今学識ある者、概ねその門に出づる也」と刻まれた一句が誇張に満ちているかどうかは別として、立教館学頭広田憲令以下、多く門下生が東陵に学んだのである。

なお、厖大な「鶯宿雑記」を書き遺した駒井乗邨も少年の頃に東陵の門に学んだことがあった。後述の「治地略考」に乗邨は識語を附し、「本田蘭陵先生、安永ノ始、御儒者被召出、秩百五十石五人扶持ヲ玉フ、予十一歳ノ年、実方ノ兄田中由成君トトモニ蘭陵先生ノ門ニ入シカ、僅ニ素読ノミニテ幼年ノ内ニ廃セリ、今更遺憾々々、先生ハ肥後熊本ノ人也」と語っている。

（8）「於立教館東陵先生演説」は、「鶯宿雑記」第五一五巻中の「学校被仰出枢要抄」の中にも存する。この演説は、寛政四年（一七九二）正月二十五日の立教館開講式において、麻上下にて勢揃いした家中一統を前に、本田東陵の行った一種の訓話である。藩主定信の意を体し、藩校設立の趣旨や学ぶにあたっての心構えなどを説いている。

なお、岡本茲奘の「感徳録」（七巻、天理図書館蔵）は、定信の白河藩政を記録した書であるが、巻三の立教館の項には「正月廿二日を以て教授本田龍蔵をして開講を命し、白鹿洞書院掲示を講す」とあって、立教館開講日を二十二日のこととする。「感徳録」は亦、この日、東陵の講義を「老臣を始め庶士以下に至るまで正服し出席聴聞拝聴す」と記している。

（9）⑦の「東陵先生遺稿」（『桑名前修遺書』第七篇）は、文四章を収録するというが（伊藤信夫編『桑名人物事典』）、『桑名前修遺書』未見のため、文四章を確認していない。

（10）「鶩宿雑記」収載の「治地略考」は、駒井乗邨が天保十一年（一八四〇）に小野正端の所持本を転写したものである。小野正端（号損庵、享和三年〔一八〇三〕～文久二年〔一八六二〕）は立教館学頭をつとめた人物であり（『桑名市史』補篇二九〇頁）、その彼が天保九年に「治民之官」に就任し、その役職の参考とするために本書を筆写したのである。小野の跋文は本書の内容を説明して、「勿論田賦貢税之制、乃至聴訟講武之法、其他凡百器械、無所不載、蓋亦儼然一部経済書也」と記している。

「刑法新律草稿」の発見

一

本年（昭和六十三年）二月十六日、東京新聞朝刊の第一面に、

○「刑法新律草稿」百二十年ぶり発見

○維新で埋没した初の統一刑法典

○遷都以前に起草／一二〇条、体系的な体裁

という見出しで、「刑法新律草稿」の発見について大きく報じられた。記事の冒頭には、

明治元年（一八六八）末、わが国初の統一的な刑法典として京都で編さんされながら、維新の混乱の中に埋もれ、存在が知られていなかった「刑法新律草稿」が、起草から百二十年ぶりに、東京大学法制史資料室から発見された。

とあり、また、明治法制史の大家手塚豊氏（慶應義塾大学名誉教授）の話として、

明治元年、京都にいた刑法官が、各府藩県からの問い合わせに応ずるため、部内の準則として「仮

刑律」なる刑法を作成していたことは知られていた。しかし「仮刑律」を整備し、施行を予定するような「法典」が編さんされていたのは、これまで全く知られてはいなかった。明治法制史において、特筆されるべき発見だ。

という記事も載せられている。その後、同じ内容の記事が二・三の地方紙にも掲載された。

新聞掲載のきっかけは、私が法制史学会東京部会（一月二十三日、於専修大学）において、「『刑法草書』及び『仮刑律』についての管見」という題の研究発表を行なったことにある。この発表を伝え聞いた東京新聞の記者が私のもとに取材におとずれ、発表の後半部分について、右のような記事となった次第である。

近年、考古学上の発見を中心として、新聞に歴史記事が掲載される機会がふえたとは言うものの、なにせ明治時代の刑法のことである。どう考えても、これが一般の人々の関心をよびおこすはずはなく、はたして記事になるのだろうかと危ぶんでいた。ところが案に反し、第一面に大きく載ったのだから驚きである。

そこで、「刑法新律草稿」発見のいきさつとその内容について、かいつまんで述べようと思う。

二

ここ数年来、私は当研究所において「近世における中国法受容の研究」というテーマのもと、江戸時代の幕府や諸藩が、唐・明・清の中国法をどのように受け入れてどのように活用したかという研究を続けている。とりわけ、高瀬喜朴という一般には知られていない学者が、八代将軍の徳川吉宗の下命によって著した『大明律例訳義』という明律の逐条和訳の書について、それの研究と活字化に力を注いで来た。本書は、荻生観（徂徠の弟で幕府に仕えた儒者、北渓と号す）が著した訓点本明律とともに、江戸時代の明律受容にもっとも大きな役割をはたしたと思われる。その活字化の作業が一段落しつつあった昨年の夏、藩の刑法中もっともすぐれていると言われる熊本藩の刑法典「御刑法草書」の調査に着手したのである。「御刑法草書」は、高瀬喜朴の『大明律例訳義』も参照しながら、中国の明律をとり入れた刑法であり、ほかの藩に先がけてできている。この刑法の成立過程・実施状況の研究と伝本の調査のため、八月の下旬より、熊本大学附属図書館に寄託されている永青文庫（熊本藩主細川家の藩政史料）・熊本県立図書館・都立中央図書館などを歴訪し、ひきつづいて九月下旬よりは、東京大学の法制史資料室にたびたびおじゃました。今度見つかった「刑法新律草稿」は、同資料室において「御刑法草書」を調査している最中にめぐりあったものである。

熊本藩の「御刑法草書」は、江戸中期の宝暦年間より明治初年までの百十年もの間使われたので、写本も数多く伝わっている。今回の調査により、東大法制史資料室には少なくとも五本の伝本――『御刑法草書附例』（乾坤二冊）という非常に貴重な一本と端本を含む他の四本――の所蔵されていることを確かめた。「御刑法草書」の伝本は、「刑法草書」「御刑法秘録」「律御草稿」「刑律」「刑書」「肥後国律」など、さまざまな名称をもっている。そこで、これらの書名をさがし出すために、東京大学法学部の目録カードを検索したところ、幸運にも「刑法新律草稿／一冊／写本」というカードを引き当てたというわけである。

書名からして、おそらく「御刑法草書」の一伝本であろうと予想しながら、早速に閲覧を申し出ると、濃紺の表紙でやや小型の冊子（タテ25・7、ヨコ18・2糎）が出てきた。中を開くと、十行罫紙五十六丁に漢字片仮名まじり文の本文が楷書でていねいに筆写されている。しかも、一行にはきちんと二十字が詰めこまれ、朱の読点まで打たれている。一見して、書記役が清書したものとわかる。そして、内容はあきらかに「御刑法草書」とは異なる別な刑法である。しかしながら正体不明。手掛りとなる奥書や識語の類がいっさい存せず、印文も「東京帝国大学図書印」だけなのである。

正体をつきとめるには内容を検討するしかないと考えて、まず巻頭の目次をみた。すると、本書は名例・賊盗・闘殴・人命・訴訟・捕亡・犯姦・受贓・詐偽・断獄・婚姻・雑犯の十二編一二〇条からなる刑法であるらしいことがすぐに理解できた。そして、十二の編名は明・清の中国律にすべて存するので、本書を中国律系の刑法典とみなしてほぼ間違いなかろうと考えた。ついで、第一編の名例を読み進むと、「府藩県」という語が目にとまり、「王政御一新ノ御仁澤ニ浴センコトヲ要スヘシ」とも出てきた。本書はどうやら、明治四年七月の廃藩置県よりも前に、明治政府がつくった刑法のようである。

　廃藩置県以前に明治政府が編んだ刑法としては、「仮刑律」十二編一二一条と「新律綱領」十四編一九二条の二つが知られているにすぎない。「仮刑律」は、上野山の彰義隊がまだ健在であった慶応四年（明治元年）閏四月頃までにできており、政府が部内の準則として用いていたきわめて不完全な刑法である。「新律綱領」は、明治三年十二月、明治政府が全国の府・藩・県に頒った最初の統一刑法典である。両者はともに、西欧の近代刑法を学ぶ以前にできた中国律系の刑法である。

　「刑法新律草稿」が右の二つの刑法となんらかの関係があるのか、あるいはまったく別の刑法であるのか、この点を調べるために、ふたたび法制史資料室の方にお願いして、明治三年十二月頒布の木版本の「新律綱領」を出していただいた。それと比較してみると、編名も条文内容も異なっている。今度は「仮刑律」と比較しようと考えたが、活字本の「仮刑律」がみつからない。その場での比較はあきらめたが、「仮刑律」とは別の刑法典であるように思われた。なぜなら、「刑法新律草稿」の方には、自宅謹慎を命じる咎刑《とがけい》という刑罰を設けており、それだけでなく、刑法制定の目的や運用の心得を述べた条文を名例編の最初の方に置いていたからである。私は、これらのどれも「仮刑律」の中に見た記憶がなかったのである。とにかく、時間の許すかぎり筆写することにし、同時に写真撮影を申請してその日は帰宅したのである。

二

帰宅後、心踊らせて、「仮刑律」と筆写してきた部分とをくらべてみた。すると、名例より雑犯までの編名もその順序も、共に同じであった。個々の条文も、文章は異なるものの、同じ内容のものが多い。各条文の文章は、「刑法新律草稿」の方が簡潔で洗練されている。この時に初めて、「刑法新律草稿」は「仮刑律」を修訂したものであろうと推定したのである。

その後まもなく写真が届いたので、それを検討して次のことがわかった。

(1)「刑法新律草稿」は、十二編一二〇条から成り、体系的な構造をもっていること。巻頭に総則的規定を集めた名例編を置き、以下の十一編に各則を分類配置している。この形式は現行の刑法と同じである。江戸幕府の「公事方御定書」下巻（いわゆる「御定書百箇条」）やその系統に属する藩刑法が、条文を羅列的に配列しているのにくらべ、「新律草稿」は刑法典としての体裁をよく整えている。

(2)「新律草稿」は、おそらく、最初の統一的な刑法として、全国の府・藩・県に頒ち、そして施行する目的で、明治政府がこれを編纂したらしいこと。

(3)「新律草稿」は、新政府がまだ京都にあった明治元年十一月頃より翌二年正月頃にかけての短期間につくられたこと。

(4)その内容は、はじめに推定した通り、「仮刑律」を土台として、これを改訂しあるいは補充し、体裁も整備した刑法であること。

(5)したがって、「新律草稿」は「仮刑律」と同じく、熊本藩刑法の「御刑法草書」と「大清律例彙纂」という中国の清律註釈書、この二書をおもな編纂材料としていること。後者もまた、天保年間、熊本藩々校の時習館が訓読点や旁註を施して読みやすくした訓訳本を利用している。本書は「御刑法草書」の補充法として、熊本藩が刑事裁判の実務に用いたものである。

(6)このように熊本藩刑法の強い影響下にできた「新律草稿」であるだけに、「刑法新律草稿」という名称についても熊本藩「御刑法草書」からの影響が考えられること。新聞には、別の「史料を調査中に偶然、発見した」と書いてあるが、単なる偶然でないことはおわかりいただけるものと思う。

つぎに、「新律草稿」の特徴をいくつか示しておこう。一目見てすぐに気がつくことは、「公事方御定書」に定める鋸挽《のこぎりびき》・磔《はりつけ》・火罪《かざい》（火あぶりのこと、放火犯に科す）などの残酷な刑罰が姿を消していることである。「新律草稿」の定める死刑は、梟・斬・刎の三種である。もっとも重いのが梟で、これは打首ののち、見せしめのために首をさらす刑であろう。今日からみれば、打首はとてもむごい刑罰であるが、江戸時代の各種の死刑からすれば、その残忍性はいちじるしく減っている。また、江戸時代の死刑には、田畑・家屋敷・家財などの財産の没収をあわせ科すことが多いが、「新律草稿」では謀反大逆罪を除いてそれが無くなっている。

第二の特徴としては、死刑に相当する犯罪の数を大幅に減らしていることである。窃盗罪について見ると、十両を盗んだだけで死刑となる「公事方御定書」に対し、「新律草稿」では百両までの窃盗を死刑としない。百両以上を盗んだときでさえ、そのたびに審議して死刑にすべきかどうかを決めると定めている。

第三の特徴は、今の懲役にあたる徒刑を採用したことであろう。「新律草稿」は、江戸時代にさかんに行なわれて弊害の多かった追放刑を廃止し、これを徒刑にきりかえている。そしてこの徒刑に教育的配慮が認められることは注目すべきことである。徒刑の労役は、日中、山野の開拓や道路の整備などの土木作業に従わせることである。注目すべきは、餘暇の手仕事に賃金を支給し、これを積み立てておいて釈放時の生業資金とさせ、また、時々には心学の講話をきかせて悪心を悔い改めさせるように定めていることである。

江戸十里四方追放とか江戸払とかいう追放刑は、立入り禁止地区の外では犯罪人は野放しの状態である。このような旧来の刑事政策からみれば、「新律草稿」の徒刑はずいぶん近代的になったと思う。

このように刑をいちじるしく軽くし、刑罰の内容にも改良を加えたことは、たいへん有意義である。これを踏まえ、「新律草稿」は明治新政府の善政を強調して、
○王政御一新ノ御仁沢ニ浴センコトヲ要スヘシ（名例・徒刑ノ項）

○王代ノ古ニ復セシ時ナレハ、勤テ仁恵ヲ施シ、善道ニ化育センコトヲ要トス（名例・新律趣意）と述べ、又、これを刑政の基本方針ともしている。いかにも、政権交替後まもなくの刑法典らしい表現である。

なお、「新律草稿」のできた明治元年末頃は、江戸時代の士農工商という身分制がそのまま続いていたから、庶人の刑罰とは別に、士分階級を優遇する刑罰を設けている。この点は、江戸時代の旧態を温存しているのである。

しかし反面、次のようなことが言える。江戸幕府の「公事方御定書」や諸藩の刑法典は、おもに庶人階級を対象とし、武士階級を除外しているのが一般的である。これに対し、「新律草稿」は、武士階級と庶人階級とを区別しながらも、国家の全階級を対象とした刑法である。このことも、近代刑法へむけての一歩前進と言えるだろう。

四

新政府は、慶応四年の九月八日に年号を明治と改め、同月の二十二日は難敵の会津藩を降伏させた。このようにして着々と権力の基礎を固めつつあった新政府は、十月二十八日、まだ独立の統治形態を保つ全国の藩に対し、はじめて指令を発した。つまり、諸藩の職制を統一するために、藩王のもとに執政・

参政・公議人をおくべきことを指令したのである。

続いて二日後の十月晦日、政府は全国の府・藩・県にむけて、新刑法をつくるまでの間の刑罰について、つぎのような指示を出した。それは、(1)新刑法を布くまでは旧幕府の「公事方御定書」を用いること、(2)磔という残酷刑は、主殺し・親殺しの大逆罪だけに用いること、(3)他の重罪と焚刑（火あぶりの刑）は梟首（打首ののち首をさらす刑）に変更すること、(4)罪人を追いはらってすます追放・所払の刑をやめて、これを懲役刑の徒刑にきりかえること、(5)死刑は天皇の裁可を仰ぐため、刑法官（刑事司法を担当する政府の役所）へ伺い出ること、などである。

したがって、各藩ごとにばらばらであった刑法を統一するための新律起草の議は、この頃日程にのぼったと考えられる。国家の刑罰権を確立して治安を保ち、全国一律の公平な刑罰を科す規準となる刑法を制定することは、明治政府の全国統治にとって、何よりも急ぐべき仕事である。幸いなことに、この当時は「仮刑律」という刑法があって、全国の府・藩・県からの問い合わせや刑法官管内の裁判の準則として、時々に改訂を加えながらこれを用いていた。そのために、とりあえずはこの「仮刑律」を修正・整備して統一的な刑法典をつくろうとしたのではなかろうか。このようにして、わずか三ヶ月足らずの間にできたのが「新律草稿」であったと考えられる。

ところが、「新律草稿」は、起草後ただの一度も用いられずに、すぐさま忘れ去られてしまう。明治二年三月、「新律綱領」の編纂が東京で始まるが、その関係者は、前年の暮かまたは正月の頃までに、京都において「新律草稿」ができていたことを知らないのである。「新律綱領」の編纂に「新律草稿」を利用した形跡はみあたらないし、水本成美や村田保等の「綱領」編纂者も本書についてひとことも語っていない。このような有様だから、「新律草稿」の存在を指摘した研究論文が出なかったのも、無理のない話である。

それにしても、「新律草稿」はなぜ埋没してしまったのだろうか。本書が失なわれた結果、明治政府の統一刑法典の出現は二年ほど遅れてしまった。明治二年二月二十四日、政府は太政官を京都から東京に移す布達を出すので、その時の移動の混乱にまぎれて失なわれたとも推察されるが、事の真相は明らかでない。「新律草稿」の編纂者についても、なんら知ることができないのである。

「刑法新律草稿」は、一一〇年ぶりに法典それ自体が発見されて、ようやくその存在が明らかとなった。二年後の「新律綱領」にくらべて、やや未熟な感のするのは否定できないとしても、明治政府がこのような早い時期に統一刑法典をつくりあげていたことは、今まで想像もしなかった事実である。「新律草稿」の発見は、明治政権の確立過程や明治刑法史の考察に新しい材料を投げかけたと言えよう。しかし、いずれにしても、「刑法新律草稿」はさまざまな謎を秘めた刑法である。

〔補記〕

「刑法新律草稿」についての詳細は、拙文「新出の『刑法新律草稿』について――「仮刑律」修正の刑法典――」

（手塚豊編著『近代日本史の新研究』Ⅷ所収、平成元年、北樹出版）を参照されたい。その後、「刑法新律草稿」の影印は、右の拙文とともに『（増補）刑法沿革綜覧』日本立法資料全集別巻二（平成二年、信山社出版）に収載された。

第Ⅱ部

中国法の受容と徳川吉宗

一

八世紀初頭の大宝律令や養老律令が中国唐の律令法典に範を求めてできたものであることは、今や中学生でも周知の事実である。これ程大規模ではなかったけれども、江戸時代においても中国法の継受がみられた。これは存外知られていない。江戸時代中期以降、諸藩においても法の整備が進み、いくつかの藩で刑法典を編纂するが、その中に、中国の明律を継受した刑法典や刑罰法規集が見られるのである。藩刑法典の白眉といわれる熊本藩の「御刑法草書」が先駆で宝暦四年（一七五四）、以後、越後新発田藩「新律」（天明四年）、同「徒罪規定書」（寛政十二年）、会津藩「刑則」（寛政二年）、弘前藩「御刑法牒」（寛政九年）、和歌山藩「国律」（享和年間以降）、同「国律補助」（天保元年以降）、土佐藩「海南律例」（文久元年）と続く。江戸時代の藩刑法典はさほど数多くが知られている訳でもないのに、六藩までもが明律を採り入れたということは、わが国の法文化史上これを看過すべきではない。熊本藩は「御刑法草書」編纂の後、その運用にあたって明律のみならず清律をも積極的に利用している。また、天保二年（一八三二）に「刑罰掟」を定めた伊予宇和島藩では、「刑罰掟」に明文のない事案にぶつかったとき、第一には同藩の先例に当たり、先例なき場合には「律令要略」及び唐明の律を参照したという。つまり、中国の唐明律が幕府法に属する「律令要略」と共に、補充法として採用されていたのである。

すでに知られているように、明治初年の刑法は、政府部内の暫定的刑法として編んだ「仮刑律」（元年）、新政府最初の全国統一刑法典である「新律綱領」（三年十二月頒布）、いずれも明清の中国律に範をとったものである。「公事方御定書」や日本律なども参照したようだが、主に明清律を継受したのである。「仮刑律」などは明律条文を採り入れるについて、熊本藩の「御刑法草書」を参考にした。したがってこの時期、刑法適用につき諸藩より政府へ問合せた伺の中には、適用法文の根拠として明律や清律の条文を引くことも稀ではないのである。明治初期刑法とその適用に関し、江戸時代以来の中国律受容の伝統が有効に働いたと言ってよいだろう。言うまでもなく、江戸時代の刑法は幕府御定書が主であって中国律系統の刑法は従たる立場に置かれていた。ところが、明治初年においては中国律が中心的役割を担ったのである。

二

江戸時代、明律を中心として中国法を受容したについては様々な理由を挙げ得ようが、ここでは中国法受容に大きな契機をもたらしたものは何かという点に目を向けてみたい。それは、享保年間――とくにその前半――将軍吉宗の主導のもとに行なわれた中国法制の研究、とりわけ明律研究とその成果である、と私は考える。吉宗は「明律などをも常に好てよませ給へり」と評され（有徳院殿御実紀）、奥坊主成島道筑に明律の講義を命じたりもした。しかし、後の明律継受にもっとも大きな影響を及ぼしたのは、高瀬喜朴『大明律例訳義』、荻生観『官准刊行明律』、荻生徂徠『明律国字解』の三者であろう。

『大明律例訳義』十四巻（本文十二巻、首末各一巻）は、享保五年（一七二〇）、吉宗が和歌山藩の儒者高瀬喜朴（号は学山）に命じて著述させた明律の逐条和訳の書である。本書は平易にして且つ用意周到な通釈で、難解な語句には割注による解説を施している。明律の何たるかを知るには恰好の書であるから、大部な筆写本であるにもかかわらず相当部数が書写されたようである。熊本藩でもやはり本書を所持し、「御刑法草書」の補充法としてこれを使用していた。

『官准刊行明律』は、幕府儒官荻生観《たすくる》（号は北渓、徂徠の弟）が訓点を施した明律である。享保七年（一七二二）十月、その業を終え、翌八年に京都及び江戸の書肆より刊行した。その後幾度も版を重ねて明治に及んでいるので、本書は全国各地方にゆき渡った。跋文に「二三ノ兄弟ト訳シテ以テ刊シ、海内ヲシテ其ノ故ヲ知ラシム」とあるから、明律を周く天下に知らせることが刊行の目的である。荻生北渓はまた、盟友二十一名とともに明律研究会を開き、その盟主となっている。これには幕閣の松平和泉守乗邑《のりむら》、黒田豊前守直邦、本多伊予守忠統《ただむね》が加わっているから、官命による研究会であったと推測される。恐らく、『官准刊行明律』はここでの成果をも盛り込み、幕府の許可を得て――というより吉宗の内命をうけて――刊行されたものであろう。つまり、明律の研究会にしてもその刊行にしても、将軍吉宗が大きくかかわっていたと思われるのである。

『明律国字解』三十七巻は、荻生徂徠の手になる明律の語釈を中心とする註釈書である。はじめ写本で広まり、後に刊本が出され、明治に至ってなお版を重ねた。明律註釈書としてはもっとも著名なものであるから、明律研究やその受容に際しては大いに参考とされたであろう。さきの明律研究会には徂徠門下の服部南郭、安藤東野《とうや》、三浦竹渓らも参加しており、その竹渓が研究会の盟約を「徂徠先生条約」として伝えるから、徂徠は研究会において指導的役割を果たしていたのかも知れない。ともあれ、徂徠が何らかの形で研究会に関与していたことが推測されるし、『官准刊行明律』の跋文に「二三ノ兄弟ト訳シテ以テ刊シ」とあるように、明律への訓点作業にも徂徠が参画していた可能性が強い。『明律国字解』はこうした過程で形成されていったのではなかろうか。天理図書館に所蔵される徂徠自筆の未定稿「明律国字解」がいつ頃成立したのか精確な年月は不明である。ただ、徂徠高足の太宰春台がこれを浄書したとおぼしき筆写本が現存し、これに享保九年（一七二四）五月とあるから、その頃には現在の形に出来上っていたようである。

右にみたように、三書ともに将軍吉宗の命によるか、その意向の反映として成ったものである。以後、明律を利用するには、その本文を『官准刊行明律』によって見、解釈に関しては語釈の『国字解』と通釈の

『訳義』とによってこれを理解したであろう。享保以降、他の註釈書もできてくるが、その解釈のすぐれていること、広く流布したことなど、『国字解』『訳義』の右に出るものはないように思う。

三

さて、吉宗について「有徳院殿御実紀」は「法律の書は紀伊家にまし〳〵けるほどより好ませ給ひ、御位につき給ひて後も、ます〳〵御覧ありしが、荻生惣七郎観、深見久大夫有隣、成島道筑信偏、高瀬喜朴某等に命ぜられて、考へたてまつりし事少なからず」と記すが（附録巻十）、吉宗は右の人々に中国法制に関する様々な質問を発し、これに対する回答が『名家叢書』七十八冊中に収められて残っている（国立公文書館内閣文庫蔵）。甘藷先生として名高い青木昆陽もその回答者の一人で、彼は中国歴代刑法の概略を和文で記した「刑法国字訳」十二巻を著し、元文二年（一七三七）これを吉宗に献上した（同文庫蔵）。これも当時の中国法制研究の盛行に触発されたものではなかろうか。又、吉宗は享保十年（一七二五）以前に唐律疏議の校訂を荻生北渓に命じた。その後幕府は、北渓校訂本に手を加えて官版唐律疏議を刊行し（文化二年）、これによって唐律疏議は飛躍的に流布し、中国律の理解におおいに役立ったのである。

四

以上にみたように、江戸時代における中国法受容の画期は、享保初年より十年頃までにおける徳川吉宗の意向と、それによって導き出された成果に存したと言えるであろう。吉宗の中国法制に向けた関心は、単に学問としてではなく、享保改革の実地に参考とする意志に出たものであるが、それが当時の幕府法制の整備その他にどの程度の影響を与えたかを具体的に確かめるのははなはだ困難である。現在知られるのは、享保五年採用の敲・入墨の刑罰が明律の笞杖刑および刺字を継受したものであり、同三年採用の過料が明律の贖銅制より示唆を受けたと考えられている程度である。〔補註〕このように、中国法が幕府に与えた直接的影響はきわめて少なかったとされるのである。しかし、諸藩に対しては、享保期の『大明律例訳義』『官准刊行明律』『明律国字解』等を媒体として明律の影響が徐々に広がり始めるのであって、中国法受容に果した徳川吉宗の功績は、これを見逃がすことができないのである。

〔補註〕

しかしながらその後、幕府「公事方御定書」下巻に定める(1)幼年者の刑事責任、(2)乱心による殺人と酒狂によるそれとの責任の区別、(3)盗犯に関する累犯の処罰、(4)軽犯罪者による重犯罪者申告の際の免責、(5)旧悪免除等の規定が明律に示唆を得ていることは、左記の小林論文が明らかにしており、また、敲と入墨の刑罰が明律の笞刑、杖刑および刺字に基づいて創出されたものであることは、左記の拙稿が考察している。

○小林宏「徳川幕府法に及ぼせる中国法の影響——吉宗の明律受容をめぐって——」『國學院大學日本文化研究所紀要』六四輯、平成元年

○高塩博「江戸幕府法における敲と入墨の刑罰」小林宏編『律令論纂』所収、平成十五年、汲古書院

将軍様の法律学

――徳川吉宗と中国法――

一　はじめに

徳川吉宗は、御三家の紀州和歌山藩五十五万石の末弟（四男）に生まれたのだが、兄が相次いで亡くなったため、思いがけなくも和歌山藩主となった。その十二年間の治績おおいにあがったが、今度は幕府で七代将軍家継が幼くして死去したため、将軍職をも継ぐことになった。時に享保元年（一七一六）、吉宗は三十三歳であった。

吉宗といえば、正義感にあふれて元気のよい将軍であるという印象ばかりが世間一般には強烈である。確かにそのような一面を持ち合わせているが、実に用意周到で緻密な政治家であった。吉宗の推し進めた享保の改革は、政治・経済・社会の多方面に及んで、傾きかけている幕府の屋体骨をたてなおした。法の整備にはとりわけ力を注いでいる。「公事方御定書《くじかたおさだめがき》」や「御触書集成《おふれがきしゅうせい》」をはじめとして数多くの法令集を編んでいるので、吉宗のことを法律将軍と渾名する人もある程である。吉宗の法律好きは当時からすでに有名であり、徳川幕府の正史である『徳川実紀』は、「法律の書は紀伊家にましまけるほどより好ませ給ひ、御位につき給ひて後も、ます〳〵御覧ありしが、荻生惣七郎観、深見久大夫有隣、成島道筑信偏、高瀬喜朴某等に命ぜられて、考へたてまつりし事少なからず」と記している。

二　吉宗と中国法研究

享保改革の初期、吉宗はみずからもすすんで中国法を学ぶとともに、幕府高官や官・民の学者にも中国法の調査研究を命じている。享保五年（一七二〇）、和歌山藩の儒者高瀬喜朴《たかせきぼく》（号は学山）には『大明《だいみん》律例訳義《りつれいやくぎ》』十四巻を提出させた。この書物は、中国明代の「大明律例」（以下、明律という）という刑法典の各条文を逐条に和訳したものである。各条文の趣旨をはじめにかかげ、難しい語句には註釈を加えているので、明律の何たるかがよく理解できるようになっている。

片や荻生惣七郎（号は北溪）には、明律の原文に訓点を施す仕事を命じ、享保八年（一七二三）にこれを出版させている。今日、『官准刊行明律』『享保刊行明律』などという名称で各地の図書館に所蔵されているものがこれである。荻生惣七郎は、かの蘐園《けんえん》学派をひきいた荻生徂徠の弟で、儒学者として江戸幕府に仕えていた。明律に訓点を施す作業には兄の徂徠も参加していたらしい。徂徠には、明律の語句に註釈を施した『明律国字解《みんりつこくじかい》』という未定稿の註釈書があるが、この書は弟北溪らと訓点を施す作業の過程で著わされたと考えられる。同じく江戸幕府に仕える成島《なるしま》道筑には明律の講義を命じ、深見久大夫に対しては彼を長崎に派遣して清国人に中国の刑法や刑罰について質問させている。

このようにして配下の学者に中国法を調査研究させると共に、吉宗はみずからも中国法をよく学んで確かな見識を持っていた。享保四年（一七一九）、吉宗は明律に造詣の深い金沢藩主前田《まえだ》綱紀《つなのり》にむかって、鞭打、入墨、耳鼻削、過銭等の刑罰について質義した。その質義の中で吉宗は、耳鼻を削るような肉体を傷つける刑罰は「不仁」なことであるから、これに代えて明律に見える鞭打の刑とするのがよいと述べている。事実、江戸幕府は翌年敲《たたき》と呼ぶ鞭打の刑罰を創設した。吉宗はさらに高瀬喜朴、荻生惣七郎等に対して、中国法に関連して数多くの質問を発している。たとえば、今日の懲役にあたる徒刑という刑罰を実施することの可否、過料という罰金刑の採用とその刑罰としての効果について、幼少の者に対しては刑罰を軽くすべきか、軽くすべきであるなら何歳までとすべきか等々である。

その中で、吉宗の見識を示す問答が、高瀬喜朴との間で交わされている。それは次のような問答である。財産や官職を奪う目的で兄とおじとが共謀して弟や甥を殺害することは、「不仁無道」な行為であって、明律ではこの犯罪に対する刑罰が軽すぎるがどうであろうかと、吉宗は明律を批判した。これに対して喜朴は次のように答えている。「律例箋釈」という中国の註釈書でも吉宗と同様の批判がなされており、もっともな意見だと思うと述べ、長年明律を研究しておりながらこの点に気づかなかったとして、喜朴は己の不明を恥じているのである。

三　青木昆陽の『刑法国字訳』

吉宗が質問を発した学者の中には、さつまいもの栽培で名高い青木昆陽もいる。昆陽は日本橋の魚問屋に生まれたが、南町奉行大岡越前守忠相にみいだされて幕府に仕え、御書物奉行にまで栄進した学者である。甘藷先生と呼ばれ、また自らもそのように称した昆陽は、吉宗の命によってオランダ語を学んだ。それ故、昆陽は洋学の先覚者としても有名であるが、彼に中国法に関する著作のあることが注目されたことはかつて無かった。元文二年（一七三七）、昆陽は『刑法国字訳』十二巻という書物を著して、これを幕府に献上した（現在、国立公文書館の内閣文庫にその時の昆陽自筆の献上本が所蔵されている）。この書は、中国の歴史書などを材料として中国における刑法の沿革をたどり、それを日本語に翻訳したものである。ところどころに昆陽の意見や批評が加えられている。本書の執筆にあたり、町人の昆陽は幕府の書物を見ることが許され、筆墨や用紙の費用の支給までうけた。これは、大岡忠相の取りはからいによって吉宗が許したことであった。当時幕府では「公事方御定書」編纂のさ中であったから、その参考とするためにこの本を献上させたことが考えられる。中国の歴代刑法を略述した書物はほかになかったから、この本は中国刑法の理解におおいに役立ったと思われる。昆陽が幕府に仕えたのは、『刑法国字訳』献上の二年後であった。

四　吉宗の出版事業

吉宗は享保年間に出版事業を行っている。吉宗の刊行した書物は六部あるが、そのうち三部は医書である。とくに享保十四年（一七二九）の『普救類方《ふきゅうるいほう》』十二冊は注目すべきもので、庶民が手軽にできる民間療法をあつめ、それを症状ごとに分類編集してやさしい文章で記してある。吉宗は官費でこれを印刷し、江戸の七大書店を通じて全国に販売させたのである。

六部の刊行物の中には教訓書が二部ある。『六諭衍義《りくゆえんぎ》』（享保六年刊・一冊）と『六諭衍義大意《りくゆえんぎたいい》』（享保七年刊・一冊）である。「六諭衍義」というのは、孝順父母・尊敬長上・和睦郷里・教訓子孫・各安生理・毋作非為という六項目の教訓を解説した、通俗的な実践道徳の書である。しかしこれは中国清代の書物であるから、吉宗は荻生徂徠に命じてこれに訓点を打たせた上で出版した。訓点を施したといっても、漢文だからやはり難しい。そこで吉宗は、幕府の儒者室鳩巣《むろきゅうそう》に命じ、これを仮名交りのやさしい和文に直して出版した。すなわち『六諭衍義大意』である。吉宗はこの本を手習いの手本として使わせることをもくろんでいた。そのために、石川勘介という字の上手な手習いの師匠に清書させ、この書物が刷り上がると、江戸中の手習い師匠の中から十人ほどを町奉行所に呼び出して配付したのである。この教訓書は江戸時代を通じて全国的に流布し、『大意』にさらに註釈をつけたりなどして幾種類もの『六諭

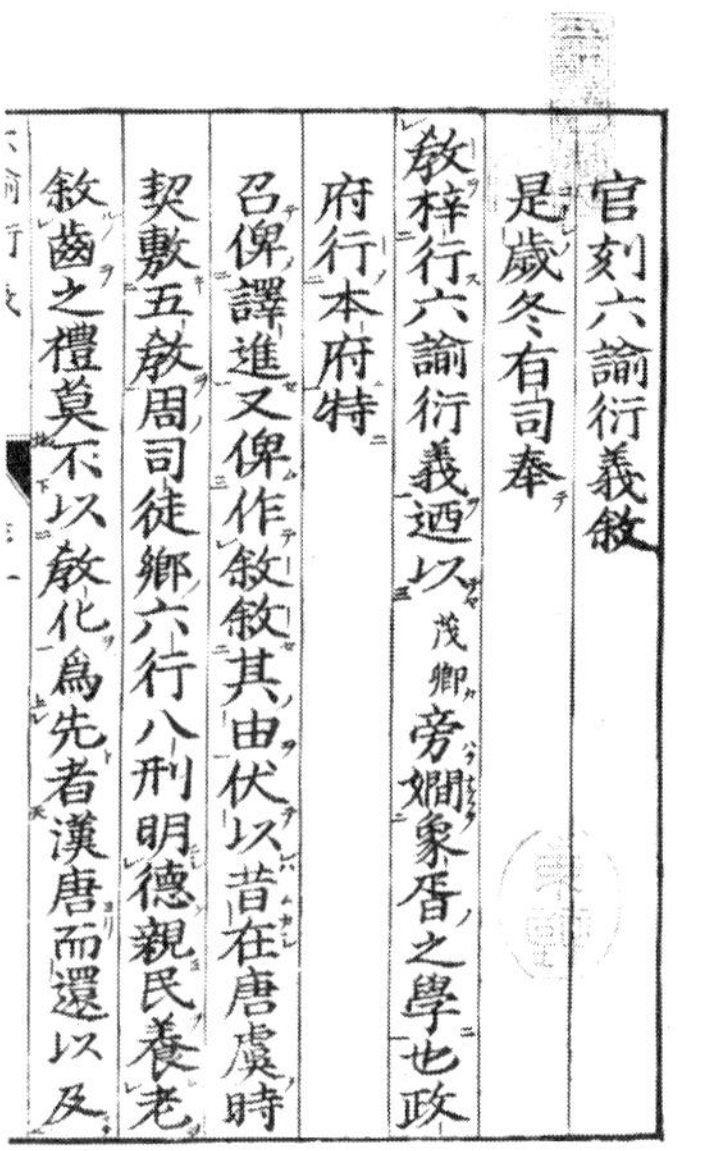
官刻六諭衍義敍
是歲冬有司奉
敎梓行六諭衍義迺以茂卿旁嫻象胥之學也政
府行本府特
召俾譯進又俾作敍敍其由伏以昔在唐虞時
契敷五敎周司徒鄉六行八刑明德親民養老
敍齒之禮莫不以敎化爲先者漢唐而還以及

『六諭衍義』（著者所蔵）

衍義大意』が出現した。明治時代に入ってからも庶民教育の教科書として利用され続けている。

吉宗は、『六諭衍義』の場合と同様、明律についても訓点本と和訳本との両様をつくらせ、これの流布につとめた。和訳の本である『大明律例訳義』はあまりに大部であったため出版されなかったが、訓点本の方は『官准刊行明律』九冊として刊行された。全国に普及させるため、享保八年（一七二三）、江戸と京都でほぼ同時に発売させたのである。この訓点本の明律は、享保八年以降、明治時代になっても依然として刊行が続けられたから、全国にあまねく行き渡った。したがって、本書は江戸時代の法律学の普及に大きな役割を果したといってよい。

吉宗の出版事業を見ると、医書に教訓書、つまり実用の書ばかりである。しかも庶民を対象とした書物まで含んでいる。吉宗は教化ということをよほど真剣に考えていたのである。その教化の方法として当時最大のマス・メディアである出版という手段を用い、見事に成功している。『六諭衍義大意』にしても、あるいは『官准刊行明律』にしても、明治時代に入ってまでも刊行され続けたのであって、いずれも百五十年におよぶ大ロング・セラーの書なのである。

吉宗の中国法研究もまた実用のための研究なのであり、実践に活用できるものを中国法の中から学びとろうと努力したのである。すなわち、吉宗の法律学は学者のそれではなく、あくまでも為政者としての法律学であった。そして、明律という中国法のすぐれた点を見抜き、これを幕府の刑政に反映させることに努め、一方では出版という手段を用いて普及させることにしたのである。

甘藷先生の法律学

甘藷先生とはいわずとしれた青木昆陽のことである。昆陽は赤穂浪士討ち入りの四年前の元禄十一年（一六九八）五月十二日、日本橋小田原町の魚河岸の魚問屋に生まれた。名を敦書《あつのり》、通称を文蔵といった。昆陽は号である。

いうまでもなく、彼の名は薩摩芋（甘藷あるいは蕃薯ともいう）の栽培をひろめた功績者として多くの人々に知られている。「さつまいも先生」とか「いも先生」との愛称でよばれたりもしたようである。目黒不動（瀧泉寺）の境内にある彼の墓は、昆陽が生前に自分で「甘藷先生墓」と彫ったものである。昆陽は薩摩芋の栽培がきっかけとなって幕府に用いられることとなり、やがて評定所儒者に列して御目見となり、ついで御書物奉行に栄進した。このように立身出世した人物としても有名である。

昆陽はまた洋学の先覚者でもある。『国書総目録』によると、彼には「和蘭文字略考」「和蘭文訳」「和蘭話訳」「和蘭貨幣考」など和蘭の文字を冠する著作が九点も存する。そのため、この方面から彼の事績を追究した研究も多い。あるいは古文書学者として昆陽を観察する人もいる。それは、昆陽が幕府の命をうけて甲斐・信濃・武蔵・相模などをまわって古文書を採訪したからである。彼はその成果を二六巻二三冊にまとめて報告し、これは「諸州古文書」という名で国立公文書館内閣文庫に伝えられている。

ここでは、昆陽の事績の中でほとんど触れられることのなかった法律に関する業績を紹介しようとおもう。四十歳の元文二年（一七三七）四月、彼は『刑法国字訳』という書物を著した。甘藷試作の二年後のことである。この本は、代々の刑法志その他の諸書を材料として中国における刑法の沿革をたどり、それを日本語に翻訳したものである。その叙述は黄帝、顓頊の古代に始まって明代に至るが、古い時代はごく簡単に記し、唐・宋・元の記述がもっとも詳しい。そして、そのところどころに「敦書按ずるに」と表記して註釈や意見批評を加えている。たとえば、隋代のところには「敦書按ずるに、漢の文帝肉刑を除くといへども全く除かず、隋唐に至て全く肉刑を除く」「敦書按ずるに、煬帝の無道の如きは古今にまれなり、その天下を失ふ誠に当れり」と記す類である。すなわち、この本は中国における刑法の変遷発達、ならびに法典編纂の沿革を通覧するのに便利な書物なのである。現在、十二巻十二冊の昆陽自筆本が国立公文書館内閣文庫に所蔵されている。

昆陽は、この本の序文に「在位の人熟読する事あらバ一助ならんか」と述べているし、本文の中では「敦書按ずるに、宋・元は世近く事多くして、宋・元の二史、刑法を記(す)こと最も詳かなり、其内今の考にもなるべき事を撰て大略を記す」とも言っている。昆陽は、この本を幕府の役人たちに役立ててほしいと願っていたのではなかろうか。

その願いがつうじてか、同年の冬、幕府は昆陽にたいして紙や筆の費用を支給し、『刑法国字訳』を浄書して献上するように命じた。当時幕府では「公事方御定書」編纂のさ中であったから、その参考とするためにこの本を献上させたことが考えられる。「御定書」の編纂に中国明代の刑法である明律を参照したことが、近年明らかにされつつある。明律参照を積極的に推し進めたのは、ほかならぬ将軍徳川吉宗である。このような状況の中、中国の歴代刑法を略述した書物はほかになかったから、この本は中国刑法の理解におおいに有効であったと思われる。『刑法国字訳』が幕府刑法の編纂にいくぶんなりとも貢献するところがあったとすれば、経済有用の学をもって一生をつらぬいた昆陽にとって、さぞかし本望だったにちがいない。

ところで、元文二年冬、昆陽は『刑法国字訳』の献上を命じられるとともに、幕府の書庫の書物をみることも許された。一介の町人青木昆陽に対し、このような扱いはまったくもって破格の待遇である。実は、このことを取り計らったのは、町奉行の大岡忠相である（もっとも忠相はこの時寺社奉行に昇進していた）。そして、忠相の意見を容れたのは、徳川吉宗である。この二人は享保改革の名コンビである。

昆陽はこの事を感謝して、随筆の『草廬雑談』に

学問ノタメニ官書ヲ観セシメ給フハ、古今ニナキ事ニテ、アリガタキコト身ニアマリイハンカタナシ、コレ上ノ御恵フカキユヱナレドモ、大岡公ノ言上シ玉ハズンバ、上ナンゾ敦書ヲシロシメサン、大岡公ノ敦書ニ於ケル、誠ニ広大ノコトナリ、コレヲ記スハ、モシ我子孫アラバ、永ク忘レシメジ

トナリ、（『日本経済叢書』巻七、三六四頁）。

と記している。甘藷試作もまた忠相の進言によるのである。忠相あって昆陽ありと云うべきか。

幕藩法と中国律・覚え書

一

わが国における中国法の継受は、つぎの二度のそれがよく知られている。一度目は八世紀初頭に成立した「大宝・養老律令」が、唐律令――具体的には永徽律疏と永徽令――をおもな母法としていたことである。二度目は「仮刑律」や「新律綱領」などの明治初期刑法が、主として清律例（以下清律と略称）を参照して編まれたことである。

ところが、明治初期の継受に先立って、江戸時代においても中国律、とりわけ明律例（以下明律と略称）の継受が見られたことも忘れてはなるまい。

漢明和律之法に因り、御国之例数多御引合論弁之上、被相制候は丶可然奉存候、

これは天明四年（一七八四）、仙台藩士玉虫十蔵が藩主伊達重村に提出した意見書の一節である（「仁政篇」『近世社会経済叢書』第五巻六〇頁）。「漢明和律之法」を基本にして、それに藩の先例を斟酌して刑法典をつくれという提言である。結局この提言は実現しなかったけれども、右の記事は藩刑法の編纂に中

国律を参酌しようとする気分が、この当時存在したことを物語っていると言えよう。事実、左の諸藩では明律を参酌して次のような刑法典や刑罰法規集が編まれたのである。

1 熊本藩・御刑法草書五八条附録一条 宝暦 五年（一七五五）
〃 ・刑法草書八編九五条目一四二条 宝暦十一年（一七六一）
2 新発田藩・新 律一〇編二一八条 天明 四年（一七八四）
〃 ・徒罪規定書二〇条 寛政十二年（一八〇〇）
3 会津藩・刑 則七一条・刑罰配当図九 寛政 二年（一七九〇）
4 弘前藩・刑 法 牒一一編九九条目 寛政 九年（一七九七）
5 和歌山藩・国 律一八編三九〇条 享和以降（一八〇一〜）
〃 ・国律補助一八編一〇二条 天保以降（一八三〇〜）
6 土佐藩・海南律例一八編一〇九条 文久 元年（一八六一）

三百諸侯とよばれる諸藩のうち、累積した判例を整理するなどして刑法典を備えたのは、管見の及ぶ限りでは二十藩にみたないけれども、その中で右の六藩が明律を受容したことは注目すべき事実である。なお、琉球でも清律に範をとった「琉球科律」（一七八六年）、「新集科律」（一八三一年）を編纂している。

二

右の諸法典は明律を受容したことによって数々のすぐれた内容を備えるとともに、形式の面でもよく整備されていた。つまり、これらの刑法典は犯罪類型による編別構成をとり、また、法典全体に通ずる原則的な規定をあつめた総則編を設けるなど、今日の刑法典とほぼ同じ体裁を具備しているのである。熊本・和歌山・土佐藩の名例編、弘前藩の定例編、新発田藩の新律取扱之覚が刑法総則に相当する。

右の諸藩では、当然のことながら、中国律を補充法として利用していた（ただし、新発田藩は未確認）。自藩の刑法や判例中に適用すべき法規や先例が見つからない場合などに、母法の明律およびその当時の現行法である清律、また時には唐律を参酌することがあったのである。とくに熊本藩では、そのために藩校時習館において、清律の註釈書である「大清律例彙纂」を訓訳させたほどである。

右の藩のほかにも、法の欠缺を補う法源として中国律を採用した藩があった。たとえば四国の宇和島藩では天保二年（一八三一）制定の「刑罰掟」において、幕府法に属する「律令要略」と唐明律とを補充法に採用することを明記している（『宇和島吉田両藩誌』）。また九州の臼杵藩では明治政府の「新律綱領」が頒布された後も「亀城宝鑑」「仕置録」という藩律とともに明律を参酌している（平松義郎「列藩巡歴」『江戸の罪と罰』）。臼杵藩の明律参酌は明治になって始まったものではなく、おそらくそれ以前からなされていたのであろう。明律が諸藩にどの程度滲透していたかは今のところ不明といわざるを得ないが、宇和島藩や臼杵藩のような事例は、今後の調査が進めばいくつか出てくるかも知れない。

東北の米沢藩の事例も興味深い。布施弥平治氏の研究によれば、米沢藩の刑事判例集には人殺疑罪、火付疑罪、盗賊疑罪などという罪名がみられ、疑罪とは犯人にまちがいないと思われるが証拠が充分でない場合のことであるという（「米沢藩刑法の特色」『日本法学』三三巻三号）。嫌疑濃厚だが確証のない事実に対しては本来科されるべき刑に相当するだけの贖を徴するという疑罪は、唐律に見えるものである。米沢藩は唐律における疑罪の考え方を採り入れたのだろうか（日本律は疑罪を継受したがこれを規定する条文は逸文で伝えられ、一方、明清律には疑罪の規定がみられない）。今後の調査究明をまちたいものである。なお、「公事方御定書」下巻に範をとった刑法典「御仕置御規定」をもつ信濃国松代藩では、死刑執行の追加規定策定のために日本律令を参酌した（平松義郎「藩法雑考(一)(二)」『法政論集』二〇・二一号参照）。

三

江戸時代における明律を中心とした中国律受容の土壌形成の主たる原因は、次の点にもとめられるように思う。第一は、わが国ではすでに八世紀初頭に唐律令を母法として「大宝・養老律令」を編纂し、これを実際に運用したという実績をもつことである。

第二は、元禄から正徳年間にかけての（一六八八〜一七一五）、きわめて水準の高い和歌山藩の明律研究、およびそれに続く享保年間（一七一六〜三五）の中国法研究である。とくに後者の中国法研究は、和歌山藩主時代から明律に強い関心を示していた八代将軍吉宗の強力な推進によるもので、やはり明律研究が中核をなしていた。高瀬喜朴『大明律例訳義』（享保五年成立）、荻生観『官准刊行明律』（同八年刊）、荻生徂徠『明律国字解』（同九年頃までの成立）はその代表的な成果である。高瀬の『訳義』は明律の逐条和訳、荻生観のは明律に訓点を施して上梓したもの、徂徠のは語釈を中心とする註釈書である。この三者が江戸時代における明律の普及とその理解に大きな貢献をなしたことは言うまでもない。

かつて内田智雄・日原利国両氏は、前掲の荻生兄弟の二つの業績を合成して『律例対照定本明律国字解』とし、これを刊行して学界に稗益されたが、このたびは高瀬喜朴の埋もれた業績『大明律例訳義』を小林宏氏と筆者の共編にて刊行することができた。その際に不充分ながら解説を施したが、その後左記の史料がみつかったので、ここに紹介し、博雅のご教示を得たいと思う。それは「令記大意」と称する墨附二十六丁の小冊子である（九州大学法学部蔵）。本書の内容は『大明律例訳義』の中から「律大意」のみを抜萃したもので、巻末の奥書に、

元文五庚申年季秋写之　／　紀省山　／　時七十三歳

天保十己亥年求之　／　（塗抹）

弘化二年乙巳夏五月四日獲諸市廛　／　読史亭主人

とある。「律大意」は、高瀬が中国の諸典籍の中から刑政の要諦ともいえる文を抄出和訳して三十九箇条にまとめたものである。紀省山は『訳義』からその巻頭に存する「律大意」だけを抜萃書写して、これを「令記大意」と名づけた。元文五年（一七四〇）のことである。

ここで思いおこされるのは、「律令要略」が「律大意」を節略引用してこれを序として用いていることである。「律令要略」は寛保元年（一七四一）、氏長なる人物が幕府判決の要旨を類聚したと考えられている書で、広く流布した。宇和島藩が本書を唐明律とともに補充法に採用したことはすでに見た通りである。時あたかも「公事方御定書」編纂の真只中であって、早くも紀省山と氏長（二人共に経歴未詳）とがあいついで「律大意」に着目したことは注意さるべきであろう。

四

幕府法に与えた明律の影響については、従来、否定的に考える向きもあったように思うが、最近小林宏氏はきわめて示唆に富む見解を提示された。すなわち、徳川吉宗は「伝統的な幕府法を中心に据えながらも、明律等の中国法を部分的、個別的に取り入れ、又それに示唆を受けながら漸次幕府法の改革をはかって行こう」と意図していたのであり、「吉宗の中国法導入の態度は慎重ではあったが、決して消極的なものではなく、それはむしろ頗る意欲的なものであった」というものである（「徳川吉宗と中国法」

『創文』二九九号、平成元年)。

今ここに幕府法と明律との関係を考える上で興味深い一史料が存する。それは「通律秘決」と題する一冊である(東京都立中央図書館蔵、墨附一一〇丁)。その成立年次も編者も共に不明であるが、内容は次の十一の部分から成っている。①御製大明律序、②進大明律表、③本朝五罪并異国五刑、④本朝八虐并異国十悪、⑤本朝六議并異国八議、⑥異国例分八字之義、⑦律意、⑧公裁得趣、⑨御評定所掛札、⑩通例律、⑪律。主要部分は⑦~⑪であり、⑦⑧は「律令要略」の序と公事吟味之心得、⑪はその本文である。⑨は「公事方御定書」上巻二の当時看板之御文言に同じである。

注目すべきは⑩の通例律である。これは主として裁判の基本原則とすべき事項を成文化したもので、六十九箇条から成る。質地、借金などの民事上の事項も含むが、多くは刑事上の事項に関する。後者は『明律国字解』を参照して文を成した条文が少なくない。たとえば「枉法不枉法ト云コトアリ、賂ヲ取、依估贔屓シタルト、賂ハ取タレトモ依估贔屓セヌトニテ、罪ノアテヤウ違フ也」とある類である。本書はあたかも⑩の通例律が総則で、⑪の律すなわち「律令要略」が各則をなすような観を呈している。

要するに本書は、「律令要略」を核として明律の序文や上表文、それに併せるに中国律の五刑十悪八議と日本律の五罪八虐六議との差異を掲げ、さらには通例律などを組みあわせた一種の取り合せ本である。巻末には「以上　寛保元年　　松平左近将監」とあって、御定書編纂にも深く関与した松平乗邑が編者に擬せられている。これに続いて書写についての識語が次のように記されている。

右此一巻評定公事掛リノ外決テ不許他見ヲ、尤是裁判一定ノ法ナレトモ尽クニ用ユルコトモマタカタシ、センスル処命ニカヽワルコト故ニ肺肝ヲ苦シメ朝思暮練シテ訴訟ヲキクヘシ、尚又目安裏書論所裁許裏書寺院十四ヶ條五人組御仕置帳迄附録シテ借参考者也、右本尾花沢御料陳《(ママ)》屋手代渡辺正作ヨリ南部信広公借用シテ写之、以初テ官ニ入ルモノヽ一助トモナレカシト信広公ヨリ密借ノ上写之、

西田景隆

右に登場する渡辺正作、南部信広、西田景隆は三名ともに伝未詳。識者のご教示を乞いたい。本書の詳しい検討は後日を期したいと思うが、明律の内容を種々に取り入れた本書の存在は、幕府法に及ぼせる中国律の影響を考える上に見逃すことのできない一資料となるのではなかろうか。

江戸時代の刑罰

——笞打ちと入墨——

一　はじめに

「公事方御定書」上下巻は、八代将軍徳川吉宗治世の最晩年の寛保二年（一七四二）、一応の成立を見た。その下巻は、明治時代半ば以降は「御定書百箇条」と一般に呼ばれ、犯罪とそれに対応する刑罰とを主に定めてある。幕府の刑事裁判はそれまで判例等に依拠して判決を下していたが、裁判の規準とすべき成文法がここに出来たのである。「御定書」下巻の最後の条文、すなわち第百三条御仕置仕形之事に刑罰の種類とその執行方法などが定めてあり、百姓町人など庶民階層に適用する刑罰として、六種類の死刑（鋸挽・磔・火罪・獄門・死罪・下手人）、八種類の追放刑（遠島・重追放・中追放・軽追放・江戸十里四方追放・江戸払・所払・門前払）、それ以外の六種類の刑罰（敲・入墨・戸〆・手鎖・押込・過料）を規定している。

二　「公事方御定書」に定める敲と入墨の規定

これら二十種類の刑罰のうち、罰金刑の過料《かりょう》は享保三年（一七一八）に、入墨ならびに笞打ち刑の敲《たたき》は享保五年に各々初めて適用され、これらが先例となって「御定書」下巻の中に成文化された。つまり、過料、入墨、敲は享保年間に創出された刑罰であり、「御定書」下巻に規定されたことにより、以後幕府崩壊を迎えるまで用いられたのである。この度の講座では、敲の刑罰を話題にのぼせ、入墨刑にも言及しようと思う。

敲には五十敲と百敲の二等級があり、「御定書」下巻に

一　享保五年　敲　　数五十敲　重キハ百敲

　牢屋門前にて科人之肩背尻を掛ケ、背骨を除、絶入不仕様検使役人遣、牢屋同心ニ為敲候事、

但、町人ニ候得は其家主名主、在方ハ名主組頭呼寄、敲候を見せ候て引渡遣、無宿ものハ牢

　屋門前にて払遣、

と定められ、一方、入墨は、

一　享保五年極　入墨　　於牢屋敷腕に廻し、幅三分宛二筋、

　但、入墨之跡愈候て出牢、

と定められている（御仕置仕形之事）。執行場所は敲が小伝馬町牢屋敷表門の前（次頁の図参照）、入墨が同牢屋敷内であり、敲は執行後ただちに釈放され、入墨の場合は傷口が治癒すれば釈放された。

敲および入墨の刑罰は、主として盗みの犯罪に適用する。たとえば、「御定書」下巻第五十六条盗人御仕置之事には、

享保五年極
一軽キ盗いたし候もの　敲

従前々之例
一一旦敲ニ成候上、軽盗いたし候もの　入墨

という規定が設けられ、軽微な盗犯とその再犯を処罰する刑罰として敲と入墨とが採用されている。また、「御定書」同条には、その場の出来心で十両以上の金品を盗んだ場合は死罪に処すという著名な規定が存するが、金額が十両以下の場合は「入墨敲」である。入墨と敲とを同時に適用するのである。これを二重仕置という。入墨の刑罰は追放刑や敲と組合せて科す二重仕置が一般的であり、入墨刑を単独で科すのは、軽き盗みの再犯に適用する右の規定が唯一である。

三　敲の執行方法と執行数の増大

敲の執行方法については、「刑罪大秘録」という書に詳細である（『法規分類大全』治罪門(2)所収）。同書は、江戸の北町奉行所与力蜂屋新五郎が、牢屋見廻の役を勤めた経験にもとづいて記録した書で、文化

敲刑小伝馬町旧牢屋門前ノ真景（佐久間長敬著『刑罪詳説』明治26年刊）

十一年（一八一四）の成立である。したがって、同書には文化年間頃の実際が忠実に描写されていると見てよい。同書によれば敲という刑罰は、小伝馬町牢屋敷の門前に三枚の莚を敷き、「囚人一人ツ、莚之上ニ下男連来、裸にいたし、著物を莚之上ぇ敷、其上ぇはらばいにいたし、往来之方ぇ顔を向ケ、下男手足を押へ、打役箒尻ニテ打」つのである。牢屋敷の表門は、江戸市中の人々が行き交う往来に面している。呼出しを受けた家主名主あるいは名主組頭が見守る中、裸の肩背尻に箒尻《ほうきじり》と呼ばれる笞《むち》が振りおろされ、苦痛にゆがむ顔は往来の方に向くことが強制されている。処刑される者にとって、まことに屈辱的光景が衆人還視の中に展開されるのである。

　敲のこのような執行法は——幕府の機関であるから当然のことかも知れないが——京都、大坂、長崎の各奉行所においても同様であった。京都は六角牢屋、大坂は松屋町牢屋、長崎は桜町牢屋のそれぞれの門前が執行場所である。幕府の敲に触発され、諸藩においても笞打ちの刑罰を採用した処が少なくない。その笞打ち刑は、「敲」「笞刑」「杖刑」「杖罪」「鞭刑」などの名称が与えられ、打数や刑具の規格は各藩まちまちである。しかしながら、執行場所については多くの藩が牢屋門前とする。あるいは亦、人通りの多い往来に面した場所を処刑場とする藩もある。たとえば、熊本藩の笞刑は薩摩街道に面した長六《ちょうろく》下《しも》河原《がわら》、越後国新発田藩の杖罪は下木戸外足軽屋敷前の広場が執行場であり、会津藩の笞刑・杖刑も罪状によっては大町札の辻において処刑した。以上を要するに、江戸時代の笞打ち刑は、その多くが公開処刑であったということができる。

　敲は、時代の推移と共に幕府刑罰の中に占める比重が大きくなっていった。大坂町奉行所の行刑統計にそれを見てとることができる。すなわち、天明年間の五年間（一七八一～八六）と文化年間の三年間（一八〇五～〇七）について行刑統計が残されており、それを見ると、大坂町奉行所が執行した刑罰全体の中で、敲、入墨、入墨敲という三種類の刑罰の占める割合は、天明年間が約四割四分、文化年間が約七割七分である。そして文化年間に執行された敲、入墨、入墨敲の総数は一七三八件、そのうち一五七三件が敲であり九割を占めている。天明の五年間の敲の執行数は二九五件であるから、文化年間の敲刑執行が飛躍的に増加したのである。

　敲刑激増の理由は、主として寛政六年（一七九四）の「公事方御定書」の改訂に存するように思う。同年三月、幕府は「御定書」下巻第五十五条中の規定を左のように改訂したのである（「棠蔭秘鑑」貞、

『徳川禁令考』別巻)。

博奕打候もの　重敲

軽キ掛之宝引よみかるた打候もの　敲

但、五拾文以上之かけ銭ニ候ハヽ、重敲

同宿いたし候もの　敲

廻り筒ニて博奕打候もの　重敲

改訂前の刑罰は、手鎖もしくは過料である。すなわち、この改訂は博奕犯罪に対する刑罰を重くして敲刑を適用することにしたのである。

四　笞打ち刑の意義とその刑罰思想

幕府や諸藩が採用した笞打ち刑には次のような意義を認めることができよう。

(一)　牢舎や戸〆などの拘禁刑に代替することにより、犯罪人の生業の妨げを緩和すること。つまり、笞打ち刑は通常、執行終了と共にその場で釈放されるのである。

(二)　追放刑に代替することにより、追放刑に存する矛盾と弊害を除去できること。追放刑は犯罪人懲戒の効果が薄いばかりでなく、犯罪人を生活の本拠地から放逐するので、追放された者はたちまちに暮しが成り立たなくなる。従って追放刑には盗みや立帰りの再犯に陥り易いという矛盾が存し、且つ放逐先の治安が悪化するという弊害が生じる。

㈢　笞打ち刑は殴打による肉体的苦痛、および公開処刑による恥辱（精神的苦痛）とを味あわせることによって犯罪人に懲戒を加え、それにより再犯防止の効果が期待できること。

㈣　刑罰の執行を公開して一般の人々に見せしめることにより、犯罪発生を抑止する効果が期待できること。

ところで、このような重要な意義を有する敲という刑罰を、幕府は何を参考として考案したのだろうか。それは日本古代の律令の笞罪・杖罪という笞打ち刑に思いをめぐらせたと同時に、より直接的には中国明代の刑法典である明律を参考とした結果であると私は考えている。

徳川吉宗は享保五年（一七二〇）、和歌山藩儒医高瀬喜朴に命じ、明律の逐条和訳の書「大明律例訳義」十四巻を著述させた。中国では「笞は恥也」という刑罰思想が古くから存するが、高瀬は同書において笞刑を註釈して、

笞は恥也。人を恥かしめ、こらすために設けたる者なり。……犯人《トガニン》ノ臀を撻て、恥辱をかゝせ、こるゝやうにす。

と述べている。公開で処刑する幕府の敲は、この考え方をみごとに具現化した刑罰なのである。

前掲の図は、幕末に江戸の町奉行所の吟味方与力をつとめた佐久間長敬《おさひろ》の著した『刑罰詳説』に掲載

されているものである。そこに描かれているように、敲の執行には囚獄石出帯刀《たてわき》（小伝馬町牢屋敷の責任者）をはじめ、町奉行所から派遣された牢屋見廻与力、検使与力、および徒目付、小人目付が牢屋表門に勢揃いし、医者を待機させた上で、刀を指した牢屋同心が打役を担当するのである。軽微な盗犯に適用する刑罰にしては、きわめて大袈裟であり、かつ儀式ばっている。敲のこのような執行法は、「笞は恥也」の刑罰思想をヒントに、八代将軍徳川吉宗自らが考え出したものである。

紙幅の都合によって考証を割愛するが、幕府の入墨もまた明律に示唆を得て創出した刑罰であると思う。明律に定める入墨は「刺字《しじ》」といって、「窃盗」「搶奪」「盗官銭」などの文字を、右腕の手首から肘までの間に入墨する。又、刺字という刑罰は盗犯に対する附加刑と位置づけられている。すなわち、窃盗犯罪の場合、刺字は主刑である杖刑、徒刑、流刑に併加して施されるのである。

幕府の入墨は、刺字を参考としながらも、入墨の形状を図案化して簡便なものとし、入墨を施す部位と形状に差異を設けることで、どこの奉行所がその入墨を施したかが判然とするように工夫をこらしたのである。それ故、幕府の入墨と明律の刺字とでは、一見、何の脈絡も見出せない。しかしながら、佐渡奉行の施す入墨には刺字の片鱗が認められる。この入墨は宝暦十年（一七六五）の決定によるが、左二の腕に片仮名の「サ」字を施すのである。入墨は幕府においても盗犯に適用することが多い。また入墨刑の大部分が敲や追放刑と組合せて科す二重仕置であることも、刺字が附加刑であったことに由来しているのであろう。

五　むすび

以上、竊と入墨の刑罰を一瞥しただけであるが、「公事方御定書」下巻の編纂に明律が大きな示唆を与えたことが理解できたことと思う。しかし、「御定書」の中に明律をどのように取込んだかは、一見してこれを見抜くことは困難である。このような明律の巧妙な受容の仕方は、享保年間に将軍吉宗が推進した明律研究に基礎を置いていると断じてよい。勝海舟は明律研究と「御定書」編纂の関係を評し、「学理と実際と始めて応用するを見る」と述べる（『追賛一話』明治二十三年）。まさに至言である。

河村秀興・秀根兄弟の『首書神祇令集解』

『首書神祇令集解』は、寛延元年（一七四八）、名古屋藩の国学者河村秀興・秀根兄弟の著した神祇令の註釈である。本書は写本と版本とで伝えられる。

著者の河村秀興（享保三年〔一七一八〕〜天明三年〔一七八三〕）は、字君栗、通称七郎、幼名久米進、はじめ秀興を称していたが、後に憚るところあって秀穎《ひでかい》とあらためた。名古屋藩士河村秀世の長子として享保三年閏十月に生まれ、三十四歳の宝暦元年（一七五一）に禄五百石の家督を継いだ。「爲レ人質朴守正」といわれる彼は、先手物頭、目付、黒門頭の諸職をへて、五十三歳の明和七年（一七七〇）には町奉行に抜擢された。その後、藩主宗勝の息女恭君の勝臣、小納戸、書物奉行を歴任し、天明三年六月に六十六歳の生涯を終えた。

出仕後は、纏まった研究をする餘暇を得られなかったようだが、数万巻に及ぶといわれた蔵書をひもとく楽しみは生涯忘れなかった。晩年、和漢に通じた学殖が見込まれて書物奉行に任ぜられ、又、藩命によって、「歴代徒刑考」を撰したといわれる。今この書は伝わらないが、天明三年五月の奥付をもつ『通俗徒刑解』なる著書が残されている。他に、江戸在府中に賀茂真淵、山岡浚明《まつあけ》、萩原宗固《そうこ》、羽倉御《のり》風《かぜ》らを訪ね、その時の談話の要点を記して「武江雑話」とし、読書の書抜きを集めて「楽寿筆叢」「続楽寿筆叢」などを著している。『首書神祇令集解』の著述は、家督を継ぐ以前の三十一歳の時であり、その頃は他にも「日本書紀撰者辨」（延享四年刊）、「神学辨」（寛政元年刊）を秀根とともに著している。

もう一人の著者河村秀根《ひでね》（享保八年〔一七二三〕～寛政四年〔一七九二〕）は、字君律、号葎庵、小字は金之助、後に復太郎と称した。兄秀穎に遅れること五年、享保八年十月に秀世の第二子として生れた。秀根は兄とちがって生涯の大部分を国学の研究に過した人であるから、その著作は多数にのぼり、とりわけ『書紀集解』三十巻の著者としてその名が知られている。

秀根が本格的に勉学を開始するのは、藩主宗春の小姓役を解かれて非役の普請組寄合となった元文四年（一七三九）からである。十七歳の秀根は、これ以後、兄と競うようにして互いに研鑽をつむのである。ただ、秀根には研究を中断する一時期があった。それは秀根自身が「中年の程は公務にいとまなく」と述懐しているように、三十歳の宝暦二年（一七五二）より四十三歳の明和二年（一七六五）まで、退隠中の宗春に再び仕えたからである。宗春没後の跡片附けを明和二年五月に終えると、『日本書紀集解』の執筆を主とする国学研究に没頭しはじめた。この研究生活は彼が七十歳で没する寛政四年まで続くのである。

秀穎・秀根兄弟は、はじめ俵秀辰の門に入って卜部神道を学ぶが、師説秘伝を墨守する風に疑問をいだき、寛保三年四月、吉川惟足《よしかわこれたる》の流れを汲むといわれる福本八十彦に入門、同年五月には有職故実家の多田義俊に入門し、ト部神道をすてて実証的学風へと方向をかえていった。その翌年の延享元年（一七四四）十二月、今度は、垂加神道の流れを汲んでさらに一派をたてた名古屋東照宮の祠官吉見幸和《よしかず》の門を叩いた。秀穎二十七歳、秀根二十二歳の時である。吉見幸和に師事して、確実な資料を正当に扱うという合理主義的研究方法を学び、ようやく研究の方法と方針とが定まった。神道研究・古典研究には、資料を広く求めて綜合的に学ぶ必要ありということで、兄弟は律令格式、神道、有職故実、地誌、歌学、縁起、説話、そして日本書紀関係の書を書写・蒐集して猛然と勉強していった。『首書神祇令集解』はこうした彼らの学問態度を反映して、その引用文献は各種の分野にわたっている。

名古屋藩では河村兄弟をはじめとして律令に造詣の深い学者を輩出した。それは、明和六年に「関市令考」を上梓した神村正鄰《まさちか》、その教えをうけ、河村兄弟にも師事して「神祇令和解」「逸令考」を著した稲葉通邦《みちくに》、その同学で「最も律令及び国史を嗜む。……其律令に於て頗る発明する所多し」と評される朝倉景員、塙保己一門下の俊秀で「律逸」の著者と伝えられる石原正明《まさあきら》などである。又、河村秀根の子益根もこの一員に加えてよいであろう。益根は『書紀集解』の共同執筆者であって父の学問の継承者としても知られるが、彼は秀穎・秀根が拾い集めた倉庫令と医疾令の逸文を整理し、文化七年（一八一〇）、これに若干の校註を加え、『令義解　第八本　倉庫令　廐牧令　医疾令補』として刊行している。

右は何れも河村秀穎邸で開いた令義解・令集解の研究会に参加した人々である（但し、石原正明については其の確証がない）。秀穎を中心とする彼らは、令会・令校正会と称するこの研究会を、明和三年十月に開始して明和五年まで続け、しばらく間をおいて安永二年二月より同四年七月まで再び開催している。その後も第三次令会と称すべき研究会を開いており、三次にわたるこの研究会は、彼らの共同の業績である『講令備考』を実らせている。この書は養老令の解釈に役立つとみられる諸資料をひろく和漢の書籍に求め、その資料を各条文ごとに引用した註釈書で、逐一、引用者の名が示されている（『続々群書類従』に翻刻されている『講令備考』は、第三次令会の成果を盛り込んでいないので朝倉景員、河村益根の名が見えない）。『講令備考』は名古屋藩律令学の最大の成果といってよく、その広汎な引用書目は彼らの律令研究の水準の高さを示している。

秀頴邸における令会は、河村兄弟の古典研究に対する意欲が大きな原動力となっていたとみられ、また秀世・秀頴らが集めた文会書庫の厖大な蔵書が、この研究会に有益であったと思われる。なお、河村家の蔵書の大部分は名古屋市立鶴舞中央図書館にうけつがれたが、戦災をうけて、その約半数を失った。

さて、『首書神祇令集解』は次のような体裁である。神祇令集解の令文及び集解諸説に訓点を加えてこれを翻刻し、その欄外に註釈を配す。これ「首書神祇令集解」と称する所以である。また集解諸説の冒頭に○印をつけて諸説を弁別し、返り点・送り仮名を施すとともに時には振り仮名をも加える。当時、令の版本としては、京都の立野春節（蓬生巷林鶴）が慶安三年（一六五〇）に刊行した「令義解」が存するのみであったから、部分的とはいえ、「令集解」の刊行は本書が初めてである。その意味で、本書は神祇令集解のテキストとして貴重である。しかし、本巻（『律・令』神道大系 古典編九）には国立公文書館内閣文庫蔵・紅葉山文庫本令集解の神祇令を影印、翻刻の両方で収録するから、このたびは首書の部分だけを翻刻することにした。

首書は神祇令本文の註釈を中心とし、註釈が義解に及ぶ場合もある。その註釈法は、先行する諸書より関係記事を抄出するというやり方で、前述したように引用書が幅広く、各分野にわたって多彩であることが本書の大きな特徴である。それは、古事記及び日本書紀以下の六国史、先代旧事本紀等の歴史書にはじまり、延喜式は当然のこととして、律・令義解・類聚三代格・法曹至要抄等の法制の書、北山抄・江家次第・禁秘抄・拾芥抄等の有職の書、延暦儀式帳・神宮雑例集・神祇官年中行事の神宮や神祇官関係書、園太暦・倭名類聚抄・万葉集・年中行事歌合の類まで含んでいる。その他、春秋左氏伝・毛詩等四種の漢籍、一条兼良《かねよし》の令抄、一条冬良《ふゆよし》の令聞書を引用していることが特筆される。以上、引用書は三十六に達する。

四時祭式、臨時祭式、祝詞式等の延喜式からの引用が圧倒的多数を占めるのはうなずけることであるが、一条兼良の養老令講義を子息厳宝が筆記した「令抄」を引用していることは注目しなければならない。神祇令第一条の「天神地祇」に対して、「禅閤令御抄云」として引くのをはじめ、以下に「抄云」と見えるのが「令抄」の神祇令抄である。全部で十箇所に及び、これは神祇令抄の大半を引用したことになる。「令抄」は、享保七年（一七二二）に将軍吉宗の発した国書捜訪令にその名が見えている。つまり、その時まで幕府書庫には「令抄」を所蔵していなかったわけであり、それから間もない寛延元年

（一七四八）にはそれほど流布していなかったろうと思う。

前述した令会において、『首書神祇令集解』を参照したことはいうまでもなかろう。『講令備考』の神祇令の部に「秀」の説として掲げている引用は、ほとんどが『首書神祇令集解』のそれであり、一部を除いて首書の全部が『講令備考』に継承されている。河村兄弟は本書刊行後も註釈の増補に心がけていたらしく、名古屋市立鶴舞中央図書館の河村家本の中にはおびただしい附箋のついた秀根旧蔵の一本が存する（架号、河シ―二一五）。二十以上もある附箋はおそらく秀根自身が貼りつけたもので、その引用書も政事要略、倭姫世紀、文保記、神社啓蒙、日本逸史等の首書にみられないものも含めて二十餘にのぼり、秀根の勉強ぶりがしのばれる。

本書の底本は、無窮会神習文庫の井上頼圀旧蔵の版本である。本文十五丁、版心に「神祇令集解」とある。題簽、内題ともに「首書神祇令集解」とあり、令集解テキストの最後を「令集解巻第七終」とし、これに続いて「寛延元年辰季秋日」「東都　須原屋平左衛門」という刊記が存する。今これを名古屋市立鶴舞中央図書館の河村家旧蔵の六点の版本と比較すると、次の相違がみられる。河村本の内題はすべて「令集解巻第七」とあり、またテキスト冒頭の篇目部分も、

神‐祇‐令第‐六　謂《ル》天‐神《ヲ》曰レ神《ト》地‐神《ヲ》曰レ祇《ト》○釋無別也祇音巨‐支《ノ》反案《ニ》祀二天‐神《ヲ》一祭二地‐祇一令耳

とあって、底本が「第六」の二字を空白としていることと異なる。巻尾の書肆名は、六本ともに刻入さ

れていない。題簽の書名は、「首書神祇令集解」のほかに「令集解巻第七」「神祇令集解」「神祇令集解首書」とあって様々である。又、河村家旧蔵本は匡郭が底本よりも大きく、版の異なることが知られる。

以上の違いをもってみるに、『首書神祇令集解』は、はじめ河村兄弟の私版であって、書名も「神祇令集解」「令集解巻第七」などと一定していなかったが、後に江戸南組の書肆須原屋平左衛門がこれを「首書神祇令集解」と題して市販したものと思われる。参考文献には、次のものがある。

『名古屋市史』人物編第二　名古屋市役所、昭和九年（昭和四十三年復刻）

阿部秋生『書紀集解・首巻解題』国民精神文化文献五　昭和十五年（昭和四十四年、臨川書店復刻）

阿部秋生『河村秀根』三省堂、昭和十五年

藤　直幹「名古屋藩に於ける律令学の考察――稲葉通邦を中心として――」同『武家時代の社会と精神』所収　創元社、昭和四十二年

熊本藩の法制史料

日本法制史とりわけ刑事法史の研究にとって宝の山がある。それは、熊本大学附属図書館に寄託されている財団法人「永青文庫」所蔵の資料である。

永青文庫は、肥後国熊本藩の細川家五十四万石の大名家文書である。永青文庫には細川家に伝わった貴重な古典籍も少なくないが、その大部分は江戸時代の藩政に関わる文書・記録で占められている。その数はおおよそ二万点、したがって、冊数にするとこれの数倍に達するとおもわれる。細川幽斎・三斎以来の手紙や往復文書などは、はやくから近世史研究の格好の史料として研究者の間に注目されていたが、今や永青文庫所蔵の資料群は政治史・経済史・社会史・文化史などあらゆる分野の近世史研究にとって資料の宝庫となっている。

永青文庫がわが法制史にとってなぜ宝の山なのかというと、それは次のような理由からである。第一に、熊本藩は江戸時代の諸藩の中で、おそらく最も優れた刑法典を備えていた。これを「刑法草書」という。第二に、「刑法草書」を基本法とする熊本藩刑法は、江戸時代において他の諸藩の刑法に少なからぬ影響を及ぼしたのみならず、明治維新に際しては新政府の刑法編纂にも決定的な役割を果した。

永青文庫には、このような「刑法草書」の成立過程を如実に示す各種の草稿本が、おそらく一点たりといえども欠けることなく伝えられている。現在、永青文庫は刑法方役人の使用本や草稿本の副本を含めて、十一種三十本の「刑法草書」を保管する。さらに、熊本藩刑法の適用の記録である「口書」(供述調書を含む擬律の書面)や判決録が、「刑法草書」の施行を開始した宝暦五年(一七五五)から、江戸時代の終わる慶応三年(一八六七)までの百十年餘もの間、連綿として記録されつづけ、これが殆どそっくり保存されている。「口書」は一冊が二〇から三〇センチの厚さの冊子で百三十一冊もある。この冊子は適用すべき刑罰の種類ごとに分類整理してある。一方の判決録は判例を「刑法草書」の適用条文ごとに分類整理し、それを「刑法草書」の編ごとに冊子としている。それは全部で五十一冊ある。つまり、「口書」は刑罰の種類ごとに、判決録は犯罪の種類のごとにそれぞれ分類して記録しているのである。熊本藩が「口書」や判例をいかに計画的に記録し保管してきたかがわかる。以上に紹介した三種類の資料だけでも厖大な量になるが、永青文庫がこれら以外にも熊本藩刑法に関する資料を数多く所蔵していることは云うまでもない。

次に、「刑法草書」について少し説明しよう。熊本藩では細川重賢が第六代の藩主に就くと、まもなく宝暦の改革と呼ばれる藩政改革を行なった。重賢は、藩財政の建て直しをはかると共に、支配機構を改革し、藩校時習館や医学校再春館を創設するなどのさまざまな改革を断行し、かなりの成功を収めたのであった。それ故、重賢は同藩の中興の祖と呼ばれている。この時の改革には用人(秘書役)の堀平太左衛門を大奉行兼中老に抜擢して改革の推進役とし、彼に命じて刑政の改革にも取り組んだ。宝暦四年（一七五四）、平太左衛門は「御刑法草書」と名づけた刑法典を藩主重賢に奉り、翌年よりこれを施行に移した。この「御刑法草書」は、本文五十八箇条附録一箇条の小型の刑法典である。「刑法」という名を冠した日本で最初の法典であろう。又、「草書」という名称には、規定しておくべき最低限の事項を条文化した、とりあえずの刑法典であるという謙遜の意味がふくまれている。したがって、修正増補しながらこれを施行していたが、同時に、より体系的で内容もさらに充実した刑法典を制定すべく、その編纂作業を進めていた。

初めに、堀平太左衛門が試案をつくり、次に試案に示された基本方針に基づきつつ、中国明代の刑法である明律例を参酌して第一次草案を作成した。しかし、第一次草案は明律臭が強く、条文が繁雑であったので、こんどは熊本藩の先例を考慮しながら、簡要を旨とした第二次草案を起草した。これに若干の修正をほどこしたものが、今日一般に知られる「刑法草書」である。これが宝暦十一年（一七六一）より明治三年（一八七〇）まで百十年間、熊本藩の刑事基本法として機能したのである。八編九十五条目百四十二条（増補修正後、百五十条）からなるかなり大きな刑法典である。

「刑法草書」の優れた特徴は、次のような点に有る。第一には、他の諸藩にさきがけて成立していることがあげられる。第二には、中国の明律に多くを学んで形式・内容ともに優れていることがあげられる。徳川幕府の刑法である「公事方御定書」下巻すなわち御定書百箇条は、実体法と手続法および刑事法と民事法とが混じりあっている。しかし、「刑法草書」ではそのようなことはなく、今日の刑法典と同じ形式を備えている。つまり、最初に名例編を立てて総則的規定を集めた一編を配し、以下に七つの編を設けて犯罪類型ごとに条文を分類しているのである。

第三には、「刑法草書」の制定によって、弊害の多い追放刑を原則として廃止し、代って教育的配慮を加味した徒刑の制度を創設したことがあげられる。徒刑囚は小屋に収容され、一日に米一升を支給されて、晴天には土木作業等に従事し、雨天には小屋内の作業場で手仕事をした。その報酬として一日につき銭三十文が支給され、その内十文を積み立てて置き、一年から三年の刑期を満了したときに生活資金として渡された。その他、藁細工などの品も民間の希望者に売り払うことができた。釈放の時には、落着き先の町村役人に生業に就くための世話をするように指示するなど、熊本藩の徒刑には授産更生の配慮がなされているのである。これが近代的自由刑の誕生と評価される所以である。

熊本藩の徒刑はその当時から有名であった。筑前の儒学者亀井南冥はその著「肥後物語」（天明元年序）の中にこの徒刑を紹介して、徒刑の制度は「万端の仕置よく〳〵行渡り、仁政徳教国中にみちて、上下の人信服したる上ならては決て行はれ難かるへし」と絶賛している。名古屋藩の国学者河村秀穎もまた、「通俗徒刑解」（天明三年著）の中で、熊本藩の人から聞いた話としてその徒刑のあらましを紹介し、「細川家の徒刑行ハる、ハ仁政といふへし」と結んでいる。

隣藩佐賀では、天明三年（一八八三）、追放刑をやめて徒刑をはじめたが、これは熊本藩の影響によるものである。又、東北の会津藩でも、寛政二年（一八九〇）、熊本藩の儒者を招いて「刑則」という刑罰法規を編纂したが、ここでも教育刑の色彩の濃い徒刑を採用している。

さて、熊本藩刑法は維新期の刑法にも重要な役割を演じた。明治新政府は、治安の維持と公平な刑罰を科すため、明治と改元する前の慶応四年閏四月ごろには早くも「仮刑律」という刑法を編んで刑事司法を担当する部局内の準則としてこれを用いていた。この「仮刑律」は、熊本藩の人々が熊本藩の刑法を用いて編纂したものである。「仮刑律」編纂の主たる資料は、「刑法草書」と「大清律例彙纂」という清律註釈書との二書である。熊本藩では「刑法草書」の不足を補う刑法として中国の明律や清律を利用していたが、天保年間に清律註釈書の「大清律例彙纂」に訓訳を施して明治年間に至るまでこれを用いていた。この訓訳本の「大清律例彙纂」が「仮刑律」編纂の資料となったわけである。

明治政府は明治三年十二月、全国統一刑法として「新律綱領」を頒布し、同七年、その解釈・適用の参考資料として『増輯訓点清律彙纂』という註釈書の刊行を開始した。『増輯訓点清律彙纂』は、明治政府の手で作られたものではなく、実は熊本藩訓訳の「大清律例彙纂」に基づく書なのである。

以上に見てきたように、熊本藩刑法は九州地方の一藩の刑法として重要であるにとどまらず、日本法制史とりわけ刑事法史を考えるうえできわめて重要な意義をもっているのである。このような熊本藩刑法の資料を所蔵する永青文庫は宝の山なのである。

現在、私は國學院大學日本文化研究所のプロジェクト「近世日本における中国法受容の研究」の仕事の一つとして、「刑法草書」の成立過程をあとづけるため、永青文庫所蔵の各種の草稿本の翻刻を続けているところである。やがては熊本藩の法制史料集を刊行したいと考えている。史料の翻刻は地味な仕事である。しかし、真に学問の発展のためには、基本史料を翻刻し、これを学界の共通財産とすることが重要である。『国史大系』や『寧楽遺文』『平安遺文』等の史料集が歴史学の深化発展にどれほど役立ったかをあらためて思い起こすべきである。研究者の利用に堪えうる史料集を編む仕事も研究所の大切な仕事の一つであろうとおもう。

『熊本藩法制史料集』の刊行について

一

平成元年度に発足した國學院大學日本文化研究所のプロジェクト「近世日本における中国法受容の研究――熊本藩『刑法草書』を中心として――」は、今年（平成六年）、二期六年の最終年度を迎えた。その研究成果を史料集という形で公刊し、研究者の利用に供するとともにその批判を仰ぐことにした。『熊本藩法制史料集』は、文部省の刊行助成（研究成果公開促進費）を受けて出版するもので、明春の刊行に向けて目下、校正刷と取り組む毎日である。今、紙面を与えられたので、本書の内容と刊行の意義について概略を述べようと思う。なお、当プロジェクトは、兼担教授小林宏、兼任講師神崎直美（平成五年度より）、および専任教授高塩博（平成二年度までは嘱託研究員）が担当し、共同研究員として熊本大学法学部教授山中至氏に終始協力していただいた。

二

本書は、プロジェクトの副題にもあるように、中国法を受容した刑法典である、熊本藩の「刑法草書」を中心に編んだ史料集である。二部構成をとり、第一部に「刑法草書」およびその草案類を収録し、第二部に「刑法草書」の解釈・運用に関わる十五の史料を収載した。左に目次を示そう。

第一部

Ⅰ　宝暦五年施行の刑法草書

1　御刑法草書（宝暦四年奉呈）

2　御刑法草書（宝暦四年奉呈・同五年施行）

Ⅱ　宝暦十一年施行の刑法草書の草案

1　堀平太左衛門起草の試案「律艸書」

2　第一次草案ならびに編纂委員意見

3　第二次草案ならびに編纂委員意見・付札例書

Ⅲ　宝暦十一年施行の刑法草書

Ⅳ　天保十年施行の御刑法草書附例

附録　刑法新律草稿

第二部

1　熊本藩刑律和解及御裁例
2　参談書抜
3　御刑法方定式
4　旧章略記（抄録）
5　死刑一巻帳書抜
6　除墨帳（抄録）
7　小盗笞刑
8　益田弥一右衛門上書堀平太左衛門返答之書付
9　肥後経済録（抄録）
10　隈本政事録（抄録）
11　肥後物語（抄録）
12　通俗徒刑解（抄録）
13　銀臺遺事（抄録）
14　肥後熊本聞書（抄録）

171　『熊本藩法制史料集』の刊行について

15　拷問図

右の史料翻刻の他、巻頭に解題として高塩の「『刑法草書』の成立過程」、巻末に解説として小林の「『刑法草書』私考」、高塩の「熊本藩徒刑と幕府人足寄場の創始」、併せて三本の論文を附載する。編者は小林・高塩、A5判、約一三〇〇頁、創文社刊。

三

「刑法草書」はわが国で「刑法」の語を用いた最初の刑法典である。江戸時代、他の諸藩に先がけて成立したもので、藩刑法典中の白眉と見られている。法典の名称に「草書」という語を用いて、そこには不備の多い未完成のものであるとの謙遜の意味を込めており、事実、未完成の条文や不備な箇所も見受けられる。しかしながら、本法典は進取に富む内容が数多く盛り込まれている。中国の古典ならびに明律例に学ぶところが最も大きく、同時に、幕府刑政にも注意を払い、藩の事情をも加味した上で編纂されており、次の諸点は日本刑事法史上、特筆大書すべき特徴である。

第一に、熊本藩は宝暦五年（一七五五）、「刑法草書」を制定したことによって、死刑となる犯罪を大幅に減少させて寛刑化を実現したのみならず、江戸時代の中心的な刑罰で弊害の多い追放刑を原則として廃止し、これに代って徒刑という名の自由刑の制度を設けた。受刑者の眉を剃るので「眉なし」とも言った。この徒刑制度には、有償の作業、その賃金の強制積立、釈放時の説諭、生業に就くための世話、釈放後の保護観察等、犯罪人の社会復帰を目的とした施策が盛り込まれている。つまり、この徒刑制度は改善主義に立脚した刑事政策であったと言える。日本の近代的自由刑が熊本の地に誕生したと評価される所以である。

第二に、「刑法草書」とそこに規定された徒刑制度は、他の諸藩にも少なからぬ影響を与えた。たとえば、天明三年（一七八三）の佐賀藩における徒罪、寛政二年（一七九〇）の会津藩の刑罰法規「刑則」とそれに定めた徒刑が代表的事例である。いずれもその労働に対して何がしかの賃金が支払われており、そこには、改善著しい受刑者を刑期満了前に釈放する制度さえ存した。改善主義の考え方をさらに前進させたものである。

第三に、熊本藩の徒刑制度は幕府の人足寄場の創設に影響を与えたと考えられる。寛政二年、幕府老中松平定信は隅田川河口の石川島に人足寄場を開設した。江戸の町に徘徊する無宿を収容し、彼らを更生させるためである。そこにおける有償の作業、その賃金の強制積立、それを釈放時の生業資金に充当させること、生業に就くための世話をすること等、人足寄場の根幹を成す施策、ならびに無宿を教化改善して社会復帰させようとする考え方は、熊本藩徒刑制度のそれに一致する。松平定信が人足寄場を構想するにあたって徳川吉宗以来の幕府の諸政策を念頭に置いたことは無論だが、当時、現に実施されて相応の成果をおさめている熊本藩の徒刑に着目し、それを参考としたことは疑いのないところであろう。

高塩執筆の巻末解説は、この点を論証しようとした論文である。このように、「刑法草書」と徒刑制度は、諸藩のみならず幕府の政策にも寄与したのである。

第四に、熊本藩刑法は明治時代に入ってからも、維新政府の刑法編纂とその運用に大きく貢献した。すなわち、維新政府は、慶応四年（一八六八）閏四月頃には早くも「仮刑律」という刑法典を編纂し、これを政府部内で用いた。この刑法典は熊本藩出身者の手によって編纂された。しかも、熊本藩で訓訳を施した清律註釈書「大清律例彙纂」と「刑法草書」の二書を主たる編纂資料としてつくり上げられたのである。

明治政府はその後、明治三年十二月に「新律綱領」を頒布してこれを最初の全国統一刑法とし、次いでそれの改正補充法である「改定律例」を同六年六月に制定した。明治十四年の末までこの両者を並び用いたが、明治政府はこれらの解釈と運用の参考書として、前掲の熊本藩訓訳「大清律例彙纂」に若干の手を加えて『増修訓点清律彙纂』と題して出版した（明治七〜十三年）。近代日本の幕開けに、熊本藩刑法はきわめて重要な役割を果したと言えるのである。

四

江戸時代の法典編纂がどのようにしてなされたのか興味深いところであるが、「刑法草書」の場合、その編纂過程をかなり克明に跡付けることができる（巻頭の解題参照）。前掲の目次でわかるように、「刑法草書」は二次にわたって編纂がなされ、そのための各草案はいうまでもなく、草案に対する編纂委員の意見、編纂資料として抽出した藩の判例等が餘すところなく残されている。前近代の法典編纂の全貌が判明するのは、管見では、熊本藩が唯一の事例である。

また熊本藩は、「刑法草書」と各草案の副本までも作成した。それらは今日に至るまで大切に保存されている。これには訳がある。つまり、「刑法草書」の解釈と運用にあたっては、その規定の立法趣旨にまでさかのぼって考えを巡らせる事も時には必要となるからである（このような事情は現代とても同じである）。その具体的事例のいくつかは、本書所収「御刑法草書附例」「参談書抜」に見出せるであろう。この点については、小林執筆の巻末解説を参照されたい。

こうしたことからも察しがつくように、熊本藩における法の運用は、権力者の恣意による安直なものでは決してなかったのである。刑罰の適用にあたっては、多くの人々の納得の得られる妥当な判決を導き出すための努力が払われた。このことは第二部所収の「参談書抜」によくあらわれている。「参談書抜」は、熊本藩の最高評議機関の数多くの評議のうち、「刑法草書」運用に関わる重要案件を抽出した記録である。この記録を一読するならば、熊本藩における法解釈が論理的で、しかもそれが極めて水準の高い議論であることに、読者は驚くに違いない。

熊本藩の刑政については、刑事司法を担当する役所である刑法方とその被官の穿鑿所が、他の一般行政機関から独立していたこと、その他、除墨の制、死刑三審の制、秋殺の制、死刑日慎みの制等の様々な特色がみられ、述べるべき事柄はまだ数多く残されているが、もはや紙数が尽きた。これらについては別の機会にゆずるとしよう。ともあれ、「刑法草書」の制定に端を発した熊本藩の刑政が、刑事司法の近代化に先駆的役割を担ったことの一端は諒解していただけたことと思う。

本書を編むにあたっては、財団法人永青文庫をはじめとする資料の各所蔵機関、個人の所蔵者等、多くの方々の御協力を得ている。一々お名前を記さないが、謝意を表する次第である。本書公刊の暁には、大方の御高批を乞うと共に、本書が法律学や法制史の研究にいささかなりとも寄与するところがあるならば、編者の喜びこれに過ぎたるはない。

細川重賢の書簡

熊本藩（外様、五十四万石）の第六代藩主細川越中守重賢（銀臺公または霊感公とも称される）は、藩内では中興の英主と仰がれ、天下には名君の誉れが高い。それは宝暦の藩政改革を断行し、潰滅状態の財政を再建し、行政機構を改め、風俗を正すなど諸般の改革をなし遂げて藩政を刷新したからである。こうして蘇った熊本藩の様子が「隈本政事録」（安永四年〔一七七五〕、蓮池藩家老松枝善右衛門著）、「肥後侯賢行録」（安永五年、岡山藩士湯浅明善著）、「肥後物語」（天明元年〔一七八一〕、福岡藩儒亀井南冥著）等に著され、細川重賢の治政は諸藩の注目するところとなった。とりわけ「肥後物語」は、亀井南冥の名声とともに広く読まれ、重賢の賢君ぶりを喧伝するのに大きく作用した。それ故、熊本藩治政に学ぼうとした藩も少なくない。

江戸時代の人物研究に幾多の業績を遺された森銑三氏は、昭和二十七年、『日本歴史』四四号の「人物素描」欄に「人物閑話」と題する一文を発表して、その第二節「二人の越中守」に細川重賢の書簡を紹介しておられる（第二節は後に「重賢と定信」と改題して『近世人物夜話』昭和四十三年・東京美術に収載、さらに『森銑三著作集』続編第一巻、平成四年、中央公論社に収録）。曰く、「細川越中守から松平越中守へ宛てた、や、長文の書状を見た。差出人の越中守は熊本侯細川重賢であり、宛名の越中守は白河侯松平定信である」「遺憾にしてその書状は贋物」であり、美術品・骨董品としては三文の値打ちもないが、本文は決して拵え物ではなく、「重賢の書状として、十分の信頼が置かれる」という。書状の内容について、「重賢は定信に対して何のわだかまりもなく、また些の腹蔵もなく、率直に懐抱を披瀝してゐるのが、読んでも甚だ快い。そしてそのいふところには、今日の私等に取つても、教えらる、ところが多い」と指摘し、書簡の全文を翻刻しておられる。

この書簡には、藩政に臨む重賢の姿勢が吐露されていて興味深く、熊本藩政を考察するにも示唆に富む。しかし、宛名の「松平越中守」に疑問を抱いた。それは、拙蔵本の中に右の書簡を「細川越中公御直書写」と題して載せる写本が存し、ここでは宛名が「松平越後守」と記されていたからである。その後注意していると、左の随筆類もまた重賢書簡を採録していることに気付いた。

(1)大田南畝著『一話一言』巻四（日本随筆大成、別巻、吉川弘文館）

(2)松浦静山著『甲子夜話』正編巻二十（東洋文庫三一四、平凡社）

(3)駒井乗邨著『鶯宿雑記』巻十三（国立国会図書館蔵写本）

(4)著者未詳『百草』巻三（日本随筆大成第三期第九巻、吉川弘文館）

重賢書簡は、江戸時代の有識者の間に知られたものなのである。(1)〜(4)の間には誤写に基づく異同が少なからず見られるものの、宛名はすべて「松平越後守」である。宛名の真偽を確めるべく、熊本藩政史料を所蔵する永青文庫（熊本大学附属図書館）を訪ねた処、重賢書簡の控えを見出すことを得た。「霊感院様ゟ松平越後守様へ御返翰之写」という表題の与えられているこの控えにも、宛名は「松平越後守」となっている。従って、森氏の触目した書簡のみが「松平越中守」と誤写されていたのである。そのために森氏は、松平定信が天明四年（一七八四）の白河初入部の折に重賢に親書を寄せて教えを請い、これに答えたのが本書状であると解釈されたのである。

そこで、宛名の「松平越後守」を考えるに、(2)には書簡を説明して「『古筆集』と云ものに書録してありし文に、安永中細川越中守重賢朝臣より松平越後守康致朝臣へ所贈の消息」とあって、更に言葉を継いで「此両公至て御懇意にて、康致朝臣殊に重賢朝臣を慕、弟子の様に被成候由」と記す。細川重賢と松平越後守との関係について、拙蔵写本にも(2)と同じ趣旨を「細川様と松平越後守様甚御懇意ニて、越中守様へ諸事御弟子之様ニ御慕被成候由、越後守様先達て御初入之節、御国元より御書中被遣候節、熊本侯御自翰御答被成候由」と伝えている。

松平越後守康致《やすむね》は美作国津山藩（五万石）の第五代藩主で、宝暦十二年（一七六二）に十一歳で襲封し、十七歳の明和五年（一七六八）に初入部した。津山藩町奉行の稲垣茂松は、主君康致と細川重賢との間柄について、「御幼年様より肥後銀臺公を御信仰被遊、万事御学ひ被遊候」「細川故少将殿重賢、上杉故侍従殿治憲抔と……別て御交誼深く被為入、毎々御政務御相談に御往来又は御文通等御座候」と伝えている（「堕涙口碑」文政十二年、『津山温知会誌』一輯、明治四十一年）。津山藩はまた、熊本藩出身の大村庄助を召し抱え、彼に命じて重賢治政下の熊本藩の政治・社会等を記した「肥後経済録」を提出させている。明和四・五年の頃のことである。

こうした事情から察するに、重賢書簡は右の所伝の如く、年若き津山藩主松平康致に宛てたものと見做してよいであろう。家門が外様に治政の要諦を問うたのである。

一字の違いで解釈がかくも異なるのである。森氏の過誤をあげつらうのではない。以て自戒とするのである。

前述したように、(1)~(4)に登載された重賢書簡には転写の際に生じた異同が多数存するので、永青文庫所蔵の控え（架号、一〇七―三八―一、又四番）によって、あらためて翻刻しておく。

〔別筆〕「霊感院様ゟ松平越後守様へ御返翰之写」

去月廿日之貴墨致参着拝見候、寒冷御座候得共、将軍家及若君御安全、於恐悦は御同意ニ候、将又貴客御壮健、此度寛ゝ可被成御休息奉珍賀候、野夫無異罷在候、当年御入部之儀、珍敷御封内御巡狩被成候由一段存候、鷹野抔（一）と申儀も、国守其国之模様を見、民之憂苦を察し、可施仁政之心懸と致候事、是も聞伝位にては無詮、親近見届位無之候ては役ニ立不申候、入部致候ては士民之尊敬も格別ニ候之故、自然と奢侈ニ成ものに御座候、領国は家之根本ニ候得は、家中風俗ハ不及申、士民共ニ心を配り、塗炭（二）ニ落さる様ニ昼夜心懸之事肝要ニ候、貴客抔は御門柴之事ニ候得は、格別之御手並有之、士民共ニなつき不申候ては不相済、自余之国守すら其心得有之事ニ候、小身之衆中は自分国務をも取計候得共、大身ニ候得は夫々用多候間、兎角政道末々迄不行届ものニ候、唯下情へ通し、生死共に民と共ニ可致心得尤ニ候、ひたすら其司たる者之器量を実に知り、民をして苦しましめさる様工夫第一ニ存候、貴客御年若ニ候得共、御志も厚候得は思召も不顧及過言候、善を責るハ朋友之信とも候得は、御免可被下候、只其身律儀全身抔之能ひと中位ハ、誰もいたし能も成申候、国守領主としてハ、国家之風を移す位になけれは其任ニたへす候、来春御参着之節御手並之助(筋)可承候、品多申度事候得とも、素より短才ニ候得は、心底之程も難書取候、早々及御返答候、恐惶謹言、

細川越中守

十一月五日

松平越後守様

右の控えと、(1)~(4)ならびに拙蔵写本との間に見られる大きな異同を二点だけ指摘しておく。第一は「鷹野抔」の前に、(2)(3)(4)と拙蔵写本に「御出立前申述候通、都て」の語句が存することである。第二は「塗炭」の前に、(1)(4)には「窮を賑し」、(2)と拙蔵写本には「貧窮を賑し」、(3)には「竃を賑し」との語句の存することである。

なお、白河藩士駒井乗邨の著した(3)には、重賢書簡が第三者に知られることになった一端が記されているので紹介しておく。

右肥後侯の御消息ハ、越後守様ゟ　定信公へ被入御覧候由、天明五乙巳五月、予初て江都ニ在番罷

出候砌、吉田久大夫の見せられしをうつし置候也、

松平康致自身が松平定信に重賢書簡を見せ、これが家臣吉田久大夫の写すところとなり、駒井乗邨はさらにこれを筆写したのである。康致と定信の間柄について、⑶は「越後守様も定信公と御懇意に被為在しや、毎度八丁堀被為入、賢君と承りし大兵にて美男にてましく〳〵き」と伝えている。八丁堀は定信の住む白河藩上屋敷である。⑶は定信と重賢の間柄についても、「此肥後侯ハ此時節諸侯の中にての賢君なる由及承候事也、　定信公にも甚御懇意に入らせられ候様恐察せし事也、毎度肥後侯の御屋敷へ被為入候様ニ覚へたり」と伝える。定信本人も『宇下人言』の中で、白河入部直前の天明四年（一七八四）春の頃のこととして、「細川故越中守（重賢）・松平越後守（康致）などにいとねもごろに交りて経済の事などかたりあふ」と記している（岩波文庫版五八頁）。すなわち、重賢・定信・康致の三人は、各々に親しく交際して治政に関する事柄を話題に登せていたのであり、重賢書簡はその一場面を鮮かに描き出していると言えよう。

会津武士の熊本かぶれ

江戸時代のある時期、会津藩の武士たちは熊本藩武士の風俗をさかんに真似たらしい。旧会津藩士で『会津藩教育考』（昭和六年刊）という不朽の名著をものした小川渉（天保十四年〔一八四三〕〜明治四十年〔一九〇七〕）は、遺著『しぐれ草紙』（昭和十年刊）の「武士の風俗」の中で、熊本趣味の流行について次のように記している。

頭髪の風、衣服の様は、時代によりて少変異あるは自然の風潮已むを得ざることなれど、古昔は月代《さかやき》の巾を広く剃りて両額を剃りつけしを、後世に至りては狭くし巾を二三寸位を剃りて両額は少しも剃りつけず、衣服も短くなり、帯は昔は貝の口や一結び結びし両端を折りて挟みしもありしが、只巻きたる片端を挟むもの多きに至りき、斯は遙に遠き肥後の熊本藩の風にて、衣服や頭髪の風のみならず、大小刀の拵方は丸に熊本風に移りて、われも〳〵と倣ふこと、はなりき、（六四頁）

ここまで読んだとき、どうにも合点が行かなかった。東北の会津藩が遠く離れた九州の熊本藩の風俗を真似るのがどうしてであるのか。周知の通り、会津藩は徳川二代将軍秀忠の子保科正之が入部して二十三万石を領有した家門である。一方、肥後の熊本藩は細川氏が五十四万石を支配する外様大名である。

この両藩の間にどのような交流があったのだろうか。『しぐれ草紙』は続けて、

斯は寛政享和の頃大老たりし田中玄宰が、熊本藩の家老某と親密なる交際にて、遂に古屋昔陽重次郎といへる儒者を師とし、後には貞昭《すみてる》公の招聘し給ふ所となり、会津に来りて諸士にも教へ、その前天明の改政にも多く熊本藩の制度を採られしものありとのことなれば、これ等より源淵して風俗までも移りしなるべし。

と記している。会津藩は熊本藩の儒者古屋昔陽を招いて師とし、昔陽は会津にも出向いて藩士に講義を行なった。会津藩は天明年間の藩政改革にも熊本藩の制度を採用することがあり、それらが原因となって熊本風が流行したというのである。

会津藩の家老田中三郎兵衛玄宰《はるなか》は、自分の師事する古屋昔陽を会津藩に招聘することに熱心で、その意見が藩当局に容れられないために一時は家老職を辞している。しかし、天明八年（一七八八）、田中玄宰は藩学をそれまでの朱子学から昔陽の奉ずる古学に一変することに成功し、寛政二年（一七九〇）には世嗣貞昭《すみてる》公（後の第六代藩主容住《かたおき》）が昔陽に師の礼をとるに至ったのである。

田中玄宰は昔陽を招聘するより以前、熊本藩の家老堀平太左衛門勝名とも親交があったというから、玄宰の推し進めた天明・寛政の藩政改革が、第六代藩主細川重賢のもとで堀勝名が断行した熊本藩宝暦の改革をおおいに参考としたことであろう。しかしながら、会津藩の藩政改革が熊本藩からどのような影響を受けたのか、その総合的な検討はまだなされていない。今後の課題である。ただ、少しばかり言

えることは、寛政二年に制定した「刑則」についてである。「刑則」は主として刑罰の種類とその内容を成文法化したもので、序文ならびに刑罰配当図九、本文七十一箇条から成っている。たとえば、「刑則」は追放刑を廃して徒刑という刑罰を始めたが、徒刑創始の高邁な精神は、熊本藩「刑法草書」に見られるものと全く同じである。すなわち会津藩徒刑は強制労働を科すだけでなく、——「犯科ノ次第ヲ告諭シテ本心ニ立カヱルヨウニ教ユルコトナリ」とあるように——教育も併せ施し、犯罪者を善良なる人間に立ち戻らせることを目的としている。さらに、刑期が満了した際、生活に困らないように米穀を支給した。授産更生の道を配慮した措置である。徒刑制度のこれらの考え方は、おそらく熊本藩から学んだものであり、また今日の懲役刑の淵源をなすものと言ってよいであろう。

いずれにしても、会津藩の武士が熊本武士の風に染まったことは、いささか意外な話である。人々の流行が髪型とか服装にもっとも敏感にあらわれるのは今も昔も少しも変わっていない。江戸時代の各藩は、我々が想像している以上に、相当親密に交流していたようである。

白河楽翁と熊本藩

はじめに

白河楽翁すなわち松平定信（宝暦八年〔一七五八〕～文政十二年〔一八二九〕）は、天明三年（一七八三）十月、陸奥国白河藩十一万石を襲封し、同七年（一七八七）六月、譜代の諸大名の衆望を背にして幕府老中の首座に就いた。八代将軍吉宗の孫にあたるとはいえ、三十歳の若さである。翌八年三月には、保科正之以来の将軍補佐という職に任ぜられた。時の将軍家斉がわずか十五歳にして、幕政を視るに充分な年齢に達していなかったからである。その若い定信が幕府の寛政改革を強力に推し進めることになる。定信は寛政五年（一七九三）七月に老中を退くまで、幕府政治を指導すること約六箇年、その後は五十五歳の文化九年（一八一四）四月まで白河藩主の地位にあった。

白河藩主として又幕府老中として定信が実施に移した諸政策中、熊本藩における宝暦の藩政改革の政策を参考としたものが少なからず存するように思われる。たとえば、白河藩における藩校立教館の創設、幕府の人足寄場制度、同じく幕府の医学教育機関医学館の設立等がそれである。これらは、熊本藩の藩校時習館、徒刑制度、医学校再春館等から何がしかを学びとっているように思うのである。

そこでこの報告は、松平定信と熊本藩の接点をさぐろうというのである。周知のように、「楽翁」というのは、定信が白河藩主を退いた後に用いた号である。本報告を「白河楽翁と熊本藩」と題したのは、この研修旅行〔國學院大學梧陰文庫研究会福島地方研修旅行〕が白河の地を訪れることに因んでのことである。

一　立教館教授本田東陵

松平定信は、寛政三年（一七九一）十月、白河藩に藩校立教館を創設し、初代の教授（今日の学長に相当）に熊本藩出身の本田東陵を起用した。

本田東陵（享保十年〔一七二五〕～寛政八年〔一七九六〕）は、熊本藩家老有吉氏の家臣であり、熊本藩の儒官秋山玉山の門に学んだ。名を常安、辨助と称した。別号を蘭陵という。彼が白河藩に仕えたのは明和八年（一七七一）、四十七歳のときである。東陵は定信の白河藩世子時代の師をつとめ、定信が藩主に就いて白河に入部すると、それにつき従って白河に赴き、諸生を教えた。立教館教授に就任する前年の身分は、使番格の儒者として百五十石五人扶持であった。

立教館の竣功なった寛政三年十月、東陵は「学館記」を著してそこに藩校創立の目的や藩校の機構等を述べているが、彼は立教館を構想するにあたり、熊本藩の藩校時習館を参考としたようである。彼の師秋山玉山は時習館の初代教授であり、「時習館学規」を著して藩校の規模や内容を定めた人物である。『松平定信公と敬神尊皇の教育』（昭和十六年、北海出版社）の著者深谷賢太郎氏は、「時習館学規」と立教館の「学館記」とをくらべて、

> 繁簡の別こそあれ、機構に於て相通ずるものがある。蓋し定信公の立教館を創設するに当つて、範を時習館に資るところがあつたによるものであらう。況んや公は世子時代から細川重賢に私淑せらるゝに於てをやである。

と指摘している（同書八三頁）。

定信は、本田東陵を通じて藩校の制度をはじめとする熊本藩の諸制度や政策についての情報を入手することが可能であったと考えてよいであろう。

二　熊本藩主細川重賢との交友

定信は、自叙伝とも言うべき『宇下人言』の中で、次のように述懐している（『宇下人言・修行録』岩波文庫版五八頁、昭和十八年初版）。

このとき細川故越中守・松平越後守などにいとねもごろに交りて経済の事などかたりあふ。たび

〳〵予が亭へも来り給ふ。

「このとき」は天明四年（一七八四）春のことで、定信が藩主に就任後、はじめて白河に入部する直前のことである。「細川故越中守」が細川重賢《しげかた》である。重賢は天明五年十月に六十六歳で没したから、『宇下人言』を執筆した時（寛政五年の頃といわれる）には故人であった。ちなみに「松平越後守」は、美作国津山藩の第五代藩主松平康致《やすむね》、定信より六歳年長の三十三歳である。

細川重賢は定信よりも三十八歳も年上、この頃、重賢は名君として世に聞こえていた。それは宝暦の藩政改革を成功させ、危機に瀕していた財政を建てなおし、行政機構を刷新し、その他、人材の育成を念頭においた諸改革をなしとげたからである。定信は白河入部に先立ち、「経済」すなわち「経世済民」、いかにして国を治め、どのようにして民を寧んぜしめるかという方策について、大先達の細川重賢に教えを乞うたものと思われる。重賢は定信の白河藩邸を訪れることが度々あったというが、逆に定信が熊本藩邸に重賢を訪ねて「政務の要」を質問することがあったことを、宇野東風著『細川霊感公』（四二一～四二二頁、明治四十二年、熊本・長崎書店）が伝えている。

定信の子孫松平定光氏は、岩波文庫版『宇下人言・修行録』の解題中に、定信は「天明五年再び参観するや、心ある諸侯にしてその門を叩き、経国の方策、修養等につきて教を乞ひ、又共に研究するもの少くなきに至つた」と述べている。細川重賢は定信にとって相談相手、否、教えを乞う師とでも言うべき一人であっただろう。細川重賢は八代将軍吉宗に対して尊敬の念をいだき、宝暦の藩政改革は幕府の享保改革を参考とした点があるといわれている。したがって、祖父吉宗を敬慕する定信は、重賢との間に共通する豊富な話題をもっていたと思われる。

定信自身は重賢を評して

細川越中守重賢、為レ人寛仁而容レ衆、功業日新、名声冠二于世一、同レ時紀公亦有二盛名一、故世人論二諸侯一者、必称二紀越一、

と記している（松平定光「松平定信を中心とする諸侯の教養」徳川公継宗七十年祝賀記念『近世日本の儒学』所収一四三頁、昭和十四年、岩波書店）。

三　熊本藩家老堀平太左衛門への褒詞

寛政元年（一七八九）九月十九日、将軍家斉は堀平太左衛門の勲功を聞き及び、平太左衛門に対してお褒めの言葉を賜った。熊本に居た平太左衛門は翌月の二十四日、江戸から到着した使者よりこの事を聞かされた。陪臣が将軍からの褒詞を賜るのは異例に属する。

このことの舞台裏の主役は松平定信である。つまり、熊本藩政における平太左衛門の功績を将軍家斉の耳に入れたのは定信であり、将軍の褒詞を時の熊本藩主斉茲《なりしげ》に伝達したのも定信なのである。

堀平太左衛門（享保二年〔一七一六〕〜寛政五年〔一七九三〕）は重賢によって抜擢されて大奉行、中老、

家老へと昇進し、宝暦の藩政改革を統括し、これを成功に導いた第一の功臣である。彼は寛政四年（一七九二）、七十七歳をもって隠居がゆるされるまで、実に四十一箇年の長期にわたって藩政の中枢にあった。

お褒めの言葉に接した平太左衛門は、その後江戸参府の際、御礼言上のために定信のもとを訪れている。定信は、平太左衛門に向って、熊本藩における在方や町方の統治につき具体的に問い質したが、平太左衛門はこれに答えて、それらは郡代や町奉行に任せてあるので必要とあらば彼らを熊本から呼び寄せましょうと一蹴してしまう。そこで定信が、熊本藩政における平太左衛門の役目は何かと問うと、平太左衛門は「兼て老人役を務申候間、越中守より申付候儀、宜からず候へば私手切に差返申候」と返答したために、定信は「聞しに益たる老人なり、吾天下の大老として小事に目を付、平太左衛門に腸を見られたり」と恥じ入ったという。この逸話は「堀大夫行跡略記」（武藤厳男編『肥後先哲偉蹟』正続合巻一一八頁、明治四十四年、隆文館）に伝えるものであり、それ故、堀平太左衛門を美化しているが、大筋においては事実を伝えていると思う。

よって考えるに、松平定信は熊本藩政に関心を寄せており、様々な政策を実施に移してゆく堀平太左衛門の手腕を高く評価していたのだと思う。

四　亀井南冥著「肥後物語」の入手

福岡藩の儒者亀井南冥（寛保三年〔一七四三〕～文化十一年〔一八一四〕）は、若い頃よりたびたび熊本に遊学し、彼の地の学者とも深交を結んで、宝暦改革を経た熊本藩政のすぐれていることを見聞した。「肥後物語」は、その見聞にもとづいて、熊本藩の政治・制度の秀でた点、堀平太左衛門をはじめ稲津弥右衛門、藪市太郎等諸有司の善行などを、全二十七箇条にわたって記した書である。天明元年（一七八一）の序文を有する。

著者の亀井南冥は藩主黒田治之の侍講をつとめており、福岡藩政の参考としてもらう目的をもって本書を著したのである。ここには勿論、藩校、徒刑についての具体的な記述も存する。本書は亀井南冥の名声とともに写本をもって全国的に流布し、熊本藩政を喧伝するのに少なからず貢献した。

松平定信は、はやくも寛政二年（一七九〇）正月よりも前に本書を入手した。目黒道琢という市井の医者がもたらしたのである。このことは、國學院大學図書館所蔵の「肥後物語」写本に存する奥書が次のように語る。以下にその奥書を掲げよう（読点、傍点、括弧は引用者）。

此本は、秋元但馬守様御家老岩田彦助蔵本にて御座候処、江戸日本橋南四丁目岩倉町居住医師目黒道琢もらひ申候由、当正月、右之本道琢方より借用仕候間、道琢方へは私書写仕候本を差返、右蔵本所望仕候、江戸中にも方々流布仕候様見聞仕候、道琢は白川侯御出入之者にて御座候間、彼方にも差出申候由承申候、此本は筑前亀井主水著述にても可有之哉と評判仕候、以上

中山市之進

〔寛政二年〕六月十五日

松平定信は、福岡藩の儒者亀井南冥が熊本藩の政治をどのように捉えているか、興味津々の思いをもって本書を読み進んだに違いない。

むすび

以上に見たように、松平定信は白河藩世子時代より熊本藩とは因縁浅からぬ環境に置かれ、また定信自身も熊本藩政治には多大の関心を寄せていたように思う。

大藩であるとはいえ、熊本は外様藩である。定信はその藩主細川重賢に「経済」や「政務の要」について教えを乞うたのである。定信は熊本藩の改革に注目し、それを実施した重賢の功績とともに、重賢その人の為人をも評価していたのである。改革の立役者堀平太左衛門への褒詞は、まさにこのことを象徴している。

二人の越中守と「肥後物語」の白河藩への伝播

はじめに

松平越中守定信は、熊本藩主の細川越中守重賢に私淑していたと言われる。定信が白河藩世子時代の安永三年（一七七四）から天明三年（一七八三）の頃、細川重賢は名君として世に聞こえていた。それは宝暦の藩政改革によって熊本藩の行財政改革をみごとに為し遂げたからである。それ故、定信は重賢とその治政下の熊本藩政に注目していたのであり、幕府老中として寛政改革を推進する上においても、且また白河藩主として藩政を刷新する上においても、定信は九州の外様大名細川氏の指揮する熊本藩の諸政策に学ぶところが少なくなかったと考えられるのである。

その熊本藩治政を諸藩に喧伝する役割を担ったのが「肥後物語」である。「肥後物語」は、福岡藩の儒者亀井南冥（寛保三年〔一七四三〕～文化十一年〔一八一四〕）の著した見聞録で、その序文は天明元年（一七八一）冬の日付を有する。南冥は熊本にしばしば遊んで宝暦改革を経た熊本藩政に目を見張り、その政治・制度・人物等を二十七項目にわたって記述したのが「肥後物語」である。結局は実現しなかったが、南冥は本書を藩主黒田治之に奉呈し、福岡藩の治政に役立ててもらおうと意図したのである。「肥後物語」は、徒刑制度についてもその内容を具体的に伝えている。かつて私は、「熊本藩徒刑と幕府人足寄場の創始」（小林宏・高塩博編『熊本藩法制史料集』所収、平成八年、創文社。以下、前稿と称す）なる拙文において、老中松平定信が幕府の人足寄場を創設するにあたり、熊本藩の徒刑制度をおおいに参考としたという事を考察したことがある。その際、松平定信と細川重賢との関係や、定信の「肥後物語」閲読のこと等に言及した。この程、定信と重賢の交際の仕方、および「肥後物語」の白河藩への伝播を語る史料にめぐり合ったので――前稿を補充する意味も込めて――ここにその史料を紹介するものである。

一 「鶯宿雑記」収載の「肥後物語」奥書

「鶯宿雑記」という叢書が国立国会図書館に所蔵されている。本録五六八巻目録一巻、別録四〇巻目録一巻の大叢書である。ただし、三四巻分が欠本であり、五七六巻五七六冊が現存する。この叢書の内容と編者駒井鶯宿の伝については、田口栄一氏の「『鶯宿雑記』内容紹介と索引」（『参考書誌研究』三六号、平成元年）に詳しい。

田口論文によると、この叢書の編者は駒井乗邨《のりむら》という白河藩士で、松平定信にはその亡くなるまで、実に三十年もの長きにわたって仕えた。乗邨はその名、字を君聚、忠兵衛と称した。鷲宿は彼の号である。明和三年（一七六六）に白河で生れ、弘化三年（一八四六）一月、八十一歳をもって桑名に没した。晩年には江戸において桑名藩家老の職も兼務している（定信の久松松平家は定永治政下の文政六年（一八二三）三月、伊勢国桑名へ転封）。

駒井鷲宿は五十歳の文化十二年（一八一五）、一念発起して様々な記録の書写を開始し、亡くなる直前の弘化元年（一八四四）～同二年の頃まで、つまり約三十年の長期間を筆写し続けたのである。この叢書には短篇の随筆風の記事から数巻に及ぶ長篇の成書まで、約一八五〇項目の記事が収録されているという。寛政改革期の第一級史料である水野為長著『よしの冊子』も、この叢書によって今日に伝えられる（『随筆百花苑』第八・九巻（中央公論社・昭和五十五～五十六年）に収載）。

この小稿で話題に上せる「肥後物語」は、「鷲宿雑記」第四十九巻に収載されており、ここには編者鷲宿の次のような奥書が存する。

此書は筑前福岡の亀井道斎の著す処也と、此人博文にて註疏の学をよくせりといふ、寛政二年庚戌正月、南合義之の写し置れしを借求めてうつしぬ、

乗邨按に、右賢君と世挙て称し奉りし肥後侯ハ、少将重賢と申奉りし御事〔ママ方〕成へし、天明五巳年夏初て江戸在番に出し頃までも、御老年にていまた御勤まし／＼けり、

老公にも御若年の頃ほひより御学遊のよし、専御出会被遊しを伺ひ奉りき、天明の頃専本文も存し、

堀平太左衛門政事を執、善政ありし由承及へり、（中略）堀平太左衛門ハ公辺ゟも御称美も有しと聞し事なり、
老公大任之節、御屋敷へも罷出し、実に賢大夫の名を挙し人也、此人の事ハ前にも書しゆへ、小子聞及し事爰に省きぬ、（下略）

文中、「老公」とは松平定信を指す。定信は文化九年（一八一二）四月に致仕しており、鶯宿がこの奥書を認めた当時は楽翁を号している。

二　松平定信と細川重賢の交際

前掲奥書によると、駒井鶯宿は二十二歳の天明五年（一七八五）夏、はじめて江戸在勤となった。この年、松平定信が白河藩主としての最初の参勤により、六月一日に江戸に到着しているから、鶯宿はこの参勤に従って江戸にやってきたのであろう。鶯宿はその頃の細川重賢について、「御老年にていまた御勤ましましけり」と記す。その通りであるが、重賢はその年の十月二十六日、六十六歳をもって卒去している。重賢は天明四年五月、帰国のために江戸を発つが、その途次、足痛のために熱海に湯治し、熊本に帰ることはできずに結局は江戸に戻っている。その後も温泉治療のために同年十月と翌天明五年二月から三月にかけて熱海に逗留するが、八月頃よりいよいよ病勢がつのり、十月にはついに世を辞す

のである（細川藩政史研究会編『熊本藩年表稿』二二五〜二二六頁、昭和四十九年）。

松平定信と細川重賢との関係について、前稿において次の事柄を明らかにした（二二八〇〜二二八三頁）。それは、二人の間に書簡のやりとりがあったこと、重賢がたびたび定信をその屋敷に訪ね、定信もまた重賢の熊本藩邸に出向くことがあったということである。その折の二人の話題は、為政者としていかに国を治め民を寧んぜしめるか、つまり「経済（経世済民）」が専らであった。

駒井鶯宿は、この二人の交際について、「老公にも御若年の頃ほひより御学遊のよし、専御出会被遊しを伺ひ奉りき」と記している。定信が「いとねもごろに交わりて経済の事など」を語り合い、そのために重賢が定信の屋敷をしばしば訪問したのは天明四年の春のことである（『宇下人言・修行録』岩波文庫版五八頁）。つまり、この二人は直接に顔をあわせて話しを交わしていたのである。この時、重賢は病勢の募る直前の最晩年である。片や定信は二十七歳の若さであり、前年の十月に白河藩十一万石を襲封し、まもなく国元へ初入部しようとしている時期である。鶯宿が「御学遊」と表現するように、定信は宝暦の藩政改革をなしとげた老藩主と直に面談し、藩主の有り様、治国の要諦などについて教えを乞うたに違いない。熊本藩上屋敷は龍の口、白河藩上屋敷は北八丁堀、この間の距離は十五丁程である。

三　「肥後物語」の白河藩への伝播

前掲奥書によるに、駒井鶯宿の筆写した「肥後物語」は、南合義之《なんごうよしゆき》という人物が寛政二年（一七九〇）正月に写して置いた伝本である。南合義之もまた白河藩士であり、実は鶯宿の女婿にあたる。彼は通称彦左衛門、蘭室または東郭と号し、文政八年（一八二五）に没した（生年は未詳）。寛政三年（一七九一）、藩校立教館の創設にあたっては、教授本田東陵のもとで学頭となり、文政元年（一八一八）から同五年までは教授をつとめている。その間の寛政五年には抜擢されて郡代に任用された（『三百藩家臣人名事典』二巻一二五頁、昭和六十三年、新人物往来社）。

つまり、「肥後物語」は遅くとも寛政二年正月には、南合義之を通じて白河藩に伝えられたのである。そこで思い起こされるのは、藩主松平定信も亦、ほぼ同じ時期に「肥後物語」を閲読したということである。前稿において明らかにしたように、定信は寛政二年正月以前、目黒道琢という会津藩出身の市井の医師を通じて「肥後物語」を入手している。

一方、熊本藩家老有吉氏の家臣中山昌礼は江戸遊学中の寛政二年正月、目黒道琢よりその所蔵本の「肥後物語」を貰いうけている。中山昌礼なる人物（宝暦十一年〔一七六一〕～文化十二年〔一八一五〕）は、市之進と称し、黙斎と号する学者であって、彼は寛政元年三月、松平定信の賢君ぶりを慕って江戸に出て来たのである。中山昌礼は江戸滞在中、白河藩の近習頭南合義之とは互いに訪問しあうなど、親しく交流していた（前稿一二八八～一二九二頁）。

従って、中山昌礼は寛政二年正月に「肥後物語」を入手すると、その本をもって直ちに南合義之のもとに出向いたのではなかろうか。しかしながら、目黒道琢も松平定信のもとに出入する人物であるから、道琢が南合義之にもたらしたという可能性も否定できない。いずれにしても、白河藩主松平定信とその家臣南合義之が閲読した「肥後物語」は、その出所が目黒道琢にあったと言えそうである。

むすび

鶯宿が「専御出会被遊し」と伝えるように、松平定信は細川重賢の謦咳に接することを得たのである。このことは、為政者としての定信にとって、どのような意味をもつのであろうか。興味深い問題である。

前稿に指摘したように、熊本藩家老堀平太左衛門は、寛政元年九月、その藩治に対する勲功を褒めたたえる言葉を、将軍家斉より賜るという異例の栄誉を与えられた。将軍褒詞を熊本藩に伝達したのは老中定信である。それ故、褒詞のことを将軍に進言したのも定信と見なければなるまい（一二八六〜一二八七頁）。藩主重賢と家老堀平太左衛門の連携よろしきを得た熊本藩政治を、定信はそれ程に高く評価していたと言える。（鶯宿の奥書に、「老公大任之節、御屋敷へも罷出し」とあるのは、堀平太左衛門が将軍褒詞のことに対する礼を述べるため、定信の屋敷に参上したことを伝える記事である。）

そのような藩主を擁する白河藩において、「肥後物語」がどの程度に読まれたのか、また、熊本藩の政策がどの程度に参考とされたのか等、興味は尽きない。

「明治法律学校設立広告」の紹介

今、私の手元に一冊の法律雑誌がある。明治十四年（一八八一）一月二日発兌の『法律志叢』第二十七号である（発行元は知新社、社長早川景矩、編輯兼印刷長林和一）。B六判二八頁の薄い小冊子であるが、その二六頁から二七頁にかけて「明治法律学校設立広告」が掲載されている。いうまでもなく、明治大学の創立は、今（平成八年）を遡る一一六年前の明治十四年一月十七日開校の明治法律学校に存する。創立者は岸本辰雄、宮城浩蔵、矢代操という三人の新進法律家で、東京府麴町区有楽町三丁目一番地の旧島原藩邸を借りうけて開校した。

『明治大学百年史』を繙くと、明治法律学校の設立広告は、明治十三年十二月十五日付の『東京横浜毎日新聞』に掲載のそれが採録されているのみである（同書第一巻史料編Ｉ七〇頁、昭和六十一年）。『法律志叢』第二十七号掲載の設立広告は、『東京横浜毎日新聞』のそれよりも内容の豊富な記事であり、創立者の計画した学校運営の一端を知るに足るものである。ここに紹介する所以である。全文は左の通りである（読点引用者）。

明治法律学校設立広告

我輩同心協力法律専門学校ヲ起シ、明治法律学校ト名ツケ、聊カ国恩ニ報ンカ為メ謝義ヲ受ケス、実際ノ校費ノミヲ収メテ来ル明治十四年一月ヨリ本邦及ヒ諸外国ノ法律ヲ教授ス、有志ノ諸君宜シク来学アル可シ、其学校位置ノ如キハ不日報道ス可シ、

明治十三年十二月

佛良西大学法律学士　宮城　浩蔵

同　岸本　辰雄

矢代　操

本校教則概略

○本校生徒ハ満二ヶ年ヲ以テ卒業年期トス、○毎年三月九月十二月トヲ以テ小試験ヲ為シ、六月ヲ以テ大試験ヲ行フ、○授業ノ時間ハ毎日午前従七時半至八時半、午後従三時半至四時半ノ二課トス、○外国ノ法律書ハ凡テ国語ヲ以テ教授ス、○教授書目、仏国民法契約篇、日本刑法、仏国行政法（以上ハ講義ヲ以テ教授ス）、仏国民法財産篇、日本刑法（以上ハ輪講ヲ以テ教授ス）、○時々民事刑事ノ問題ヲ設ケ、擬律擬判ヲ為サシム、○毎月第二土曜日ヲ以テ法論会ヲ開ク可シ、○毎週一回法律学士磯部四郎出場、生徒ノ質問ヲ受ク、

以上

明治法律学校の創立の構想と開校時の実態とを窺い知ることのできる主たる史料としては、「明治法律学校設立上申書（仮題）」と「明治法律学校規則」とが知られている。前者は、創立者三名が明治十三年十二月八日の日付をもって東京府知事松田道之に宛てた学校設立の申請書である（『明治大学百年史』第一巻六九～七〇頁）。後者は、同十四年一月つまり開校時の学則である。これは、学校設立の趣旨を冒頭に配し、ついで全四十一箇条の条文を総則、入学則、塾則、教則の四章に分つ詳細な規則である（『明治大学史紀要』九号五七～五九頁、平成三年）。ここに紹介する「明治法律学校設立広告」は、時間的には「設立上申書」と「学校規則」の間に位置しており、法律学校設立当初、創立者が学校運営をどのように構想していたかについて、ほんの少しだが新しい知見をもたらしてくれる。

「設立広告」は前段と後段から成るが、前段は学校設立の趣旨を簡明に述べた文章であって、その内容は『東京横浜毎日新聞』掲載の広告に同じである。ただ、創立者の連名がここでは宮城、岸本、矢代の順となっているのが興味深い。一方、後段は「本校教則概略」と題し、八箇条にわたって学校の内容を広告している。この「本校教則概略」は、私の知る限り、明治法律学校の具体的な内容を世に公表した最初の記事である。

以下、「本校教則概略」のいくつかについて略述しよう。第三条に授業時間の案内があるが、それによると授業は午前一時間（七時半～八時半）、午後一時間（三時半～四時半）の一日二時間である。創立者はそれぞれ本務を持っており、その合間を縫っての講義であるから、このような時間帯を採らざるを得なかったのだろう。この広告に先立つ「設立上申書」では、一日三時間、一週間合計十八時間の授業としていた。ところが、明治十六年の「明治法律学校明細書」によると、授業は午前八時より九時、午後三時半より四時半の一日二時間を原則とし、水曜日のみは夜の六時より七時の授業も行なっている（『明治大学百年史』第一巻九六頁、第三巻一四八頁）。したがって、午前午後各一時間の一日二時間という授業方法は、開校当初から行なわれていたと推測してよいであろう。

「本校教則概略」の第五条には、授業科目が掲げてある。それによると、講義科目は仏国民法契約篇、日本刑法、仏国行政法、輪講科目は仏国民法財産篇、日本刑法である。開校時に誰がどの科目を担当したかは不明であるが、同年九月一日開校の授業科目とその担当者が八月二十一日付の『朝野新聞』掲載の広告に次のように見えている。それによると、岸本は仏国民法人事篇、矢代は仏国民法契約篇と日本刑法、宮城は日本刑法の講義が担当である。その他に、講師の一瀬勇三郎が仏国民法売買篇の輪講を、司法省御雇教師アッペールが宇川盛三郎を通訳者として経済学の講義を担当することになっていた（『明治大学百年史』第一巻九五頁）。

第六条を見ると、時々に民事刑事の問題を設定して擬律擬判を行なうとしているが、「学校規則」にも同様の規定が見られる（第三十八条）。九月開校の新聞広告には、「毎月三回擬律擬判、受持杉村虎一君」とある。擬律擬判を実施することは、「設立広告」以来の構想なのである。

第七条は、法論会を毎月の第二土曜日に開催することを記す。ところが、「学校規則」には毎月第二と第四土曜の二回開くことを定め（第三十九条）、上述の新学期開校の新聞広告でも、第二・第四土曜に法論会を開き、西園寺公望が会頭を務める旨を記している。法論会は「設立広告」の後、回数がふえたのである。

第八条を見ると、毎週一回磯部四郎が出て生徒の質問を受けるとある。創立者は、当時太政官少書記官の任にある磯部の助力を仰ぐことを予定していたのである。磯部は岸本、宮城らと一緒に大学南校より新設された明法寮の法学校に転入した一人であるから、司法省法学校第一期生として創立者三人と共に仏法を勉強した間柄なのである。磯部と創立者三人の交友の深さは、これに杉村虎一を加えて明法寮五人組と称されたことからも窺える。『明治大学百年史』第三巻通史編によると、磯部が明治法律学校に講師として出校するのは、明治十八年一月からである（九十・一四五頁）。

ここに紹介した「明治法律学校設立広告」が、学校開校時の実態と一致するとは限らない。しかしながら、この「設立広告」は「明治法律学校設立上申書」の提出直後の頃、創立者が明治法律学校にどのような内容を盛り込もうとしていたかを知る手掛かりを与えてくれるであろう。

明治法律学校創設期の一景

『晩成園随筆』（山田敏著、昭和十七年、帝国農会発行）という書に、「明治法律学校（明治大学の前身）」という一章があり、明治法律学校の創設期の様子が描かれている。明治大学歴史編纂室に照会したところ、山田斂の追憶記はいままで紹介されたことがないということである。

周知のように、明治法律学校は明治十四年（一八八一）一月二十七日、岸本辰雄、宮城浩蔵、矢代操の三名を創立者として設立された。校舎は東京府麹町区有楽町三丁目一番地の旧島原藩邸である。すなわち、数寄屋橋門の内側の島原藩上屋敷の一部分を借り受けて開校したのである。明治法律学校創立の経緯や裏話など、その当時を語る回顧談および座談会の記事が『明治大学の発祥《はじまり》』（明治大学「大学発祥の地」記念碑建立委員会編、平成七年、学校法人明治大学発行）という冊子にいくつか掲載されている。同書は回顧談や座談会記事などを手掛かりとして島原藩邸の校舎の模様を叙述すると共に、明治大学発祥の地の位置を確定する考証を行なっている（二二六～二三五頁）。

一方、山田の追憶記は短い文章ながら、これら回顧談等に記されていない興味深い内容を含んでいる。ここに紹介する所以である。

明治法律学校（明治大学の前身）

明治法律学校は自分の学んだ学校である。

校舎は数寄屋橋を丸の内に入つて日比谷へ行く有楽町の通りの左側であつた。昔の大名屋敷其侭で、路添ひは黒下見の長屋門がある。門の左右の長屋は狭く仕切られて商店となつて居るが、二階は学生相手の貸間が沢山にあつた。門を入つて玄関があり、玄関から廊下で事務室、教室へ行かれる。事務室は大小三四室くらゐあつた。教室は二三百名くらゐしか入れられない位の広さの室一つしかなかつた。名づけて講堂と云うたが、名ばかりのものであつて、大名屋敷の奥御殿一棟を襖障子を撤去したものに過ぎない。校舎全体が誠に粗末千万のもので、学生の出入にも下足の始末場所がない為めに、皆から〳〵と下駄履きの侭である。従つて不潔さも想像が出来る。

斯業〔ママ様〕な講堂で朝早く一二時間と、午後は日暮頃から十一時頃まで講義が開始せられる。学生は各々の学級に応じて其時間々々に聴講に出かけるのである。時間割が朝と夜とに分れ、昼中は多く休講であるから、是非学校の近くに下宿して居つて、一日中に数回行つたり帰つたりせねばならぬのである。なぜ斯様な不便なことにしたかと云ふと、講師は多くは他に職を持つて居つて、学校は片手仕事にして居つたからである。現時の状勢とは違ひ独立経営は事実不可能であつたから、不便と知りつつ斯様な仕組にしたのである。

此学校の創立者は西園寺公望、宮城浩蔵、熊野敏三、矢代操、岸本辰雄、光妙寺三郎等の諸氏で、何れも仏法派であつた。西園寺氏は間もなく表面学校との関係を絶たれて、岸本辰雄氏が校長として永年校務に尽瘁せられた。

其頃評判の良かつた講義は宮城浩蔵氏の刑法、熊野敏三氏の国際公法、光妙寺三郎氏の憲法等で、何れも面白く聴講した。諧謔を雑へて睡気醒しで有名であつたのは磯部四郎氏であつた。磯部氏とは三十餘年目で貴族院で席を同じくした。或る日、自分が明治法律学校の有楽町時代に先生の講義を聴いた話をし出し、両人とも感慨無量であつたことがあつた。

其後校運次第に隆昌となり、今の有楽町なる大名屋敷ではやりきれなくなり、駿河臺に地を相して新築、移転したのは多分明治二十年春であつたらうと思ふ。それが又だん〳〵と発展して明治大学となり、更に其附近の好位置に移転して礎石を据ゑたのが今の校舎である。（三五～三七頁）

筆者の山田斂《をさむ》は、慶應元年（一八六五）八月十九日、越前国坂井郡高椋《たかぼこ》村一本田《いっぽんでん》（現、福井県坂井郡丸岡町）の地に山田穣の長男として出生した。山田家は代々その地方の豪農で多額納税者にして、父穣は第一回帝国議会の貴族院議員であった。著者斂は師範学校、明治法律学校に学んだ。二十八歳の明治二十五年（一八九二）に家督を相続した後は、帝国農会議員、県農会副会長等を歴任し、また村会議員を長くつとめ、県会議員を経て大正七年（一九一八）から一期七年、貴族院の多額納税議員として帝国議会に登院した。かつての恩師磯部四郎と懐旧談に花を咲かせたのは、この時のことである。山田斂はこの時、貴族院内に農政懇話会を結成し、党派を超えて農政問題を話し合い、農会法案の貴族院通過に尽力した。一家の事業としては、興農会、興農会信用組合等を起してこれを主宰するなど、農業振興、農村経済の改善に力を注ぐ一生を送っている。昭和十六年（一九四一）十二月二十日、享年七十七を以て没した。著者は欅堂と号し、また明治三十五年（一九〇二）に果樹園を創設して晩成園と命名してからは、「晩成園主人」という雅号をも用いた（以上、『晩成園随筆』ならびに五十嵐栄吉編発行『大正人名辞典』大正七年第四版、東洋新報社（昭和六十二年日本図書センター覆刻）による）。

さて、山田斂の明治法律学校への入学は、明治十八年（一八八五）十月二十日のことである。明治十七年以来の入学生名簿である『名簿一覧表』が明治大学歴史編纂事務室に大切に保管されており、その「ヤ部」に墨筆にて「二百六十二号　同年十月廿日　山田斂」と記録されている。番号は明治十八年一月以来の入学順番を示すらしい。この当時は入学を随時受け付けていたのであって、山田斂の次には彼より十三日遅れて十一月二日に入学した山本善太郎なる人物が記されており、二百七十二号の番号が与えられている。山田斂以降十一月二日までに少なくとも十人の入学者があったということである。山田斂の卒業については、卒業生名簿というべき『交友規則并表』（歴史編纂事務室所蔵）によって、明治二十一年六月のことと判明する。つまり、山田は二十歳の明治十八年十月より二十二歳の二十一年六月までの約二年八箇月の期間を明治法律学校に学んだのである。

前掲記事「明治法律学校」には、旧島原藩邸の長屋門とその左右の長屋の様子が描かれており、二階に学生相手の貸間が沢山あったということなどはこの記事によって初めて知られる。「事務室は大小三四室くらゐあつた」ということも、この記事特有のものと思われる。又、講師陣の講義についての評判記も、おそらく従来の回顧談に見られない記事であって興味深い。

評判のよかった宮城浩蔵の刑法講義は、受講生の筆記による講義録が出版されて版を重ねた（明治十七年初版、明治二十年に第四版）。明治十八年九月に『明法雑誌』第八号に掲載された広告によると、仏国法律学士熊野敏三は第三年科の万国公法を担当することになっているので、山田はおそらくこの講義を面白く聴いたのであろう。眠気醒しの磯部講義はやはり第三年科に配された民法草案の講義であったのだろうか。

『晩成園随筆』には、その他に著者の上京の旅が「東京への初旅」と題して掲載されている。著者は明治十八年秋、明治法律学校へ入学するために、単身上京する。五日間の旅程である。桑名から汽船に乗って横浜に向う時、ひどいしけに遭遇し、照明が破壊されて真暗闇の中、味噌桶や漬物桶が破裂して船室一面が味噌や漬物だらけになるなど、惨憺たる苦難を味わっている。また、明治法律学校生徒時代の東京の風俗も「明治十八九年の東京」と題して叙述されている。これら紹介すべき記事は少なくないが、下宿のことを記した一文を紹介して小稿を閉じることとする。

下宿

明治法律学校の位置が有楽町であり、それに講義が朝と晩であり、又交通機関が今のやうに便利でなかつたから、其近くに下宿を取らねばならぬ必要があつた。それで銀座の大通りから西側の裏町に下宿して居た。

此近傍では看板かけた下宿屋が少く、多くは食事附きの素人下宿屋であつた。下宿料は一箇月四円五十銭から五円位のところであつた。京橋区殊に銀座中心の一区画は東京で一番早く出来た煉瓦建であつて、銀座の表通りの両側は一等煉瓦と称へられ、相当に丈けの高い建物であつた。其裏通りの二線ほどが二等煉瓦、又其間の小通りが三等煉瓦で、二階建ではあるが極めて低きものであつた。下宿は多く此三等煉瓦の家である。

極めて低い天井で、窓は横に広く縦に狭いのが通例で、たまには切り破つて四角な窓に造り変へたのもあつた。一室は四畳半に一人、六畳なら二人と云ふ体裁である。賄は朝は汁に漬物、昼はあさりのむき身と外に一品、晩は名の分らぬ焼肴か煮肴に何か一品と云ふ位の程度で、旨いと思うて食したことは少なかつた。それで蕎麥屋へ行く、汁粉屋へ行く、すしの立食をすると云ふことになる。それもさう／＼外ばかりで腹をふくらす訳にも行きかねる。それで何処か今よりはよい下宿はないか、暇があれば捜し廻る、見附かれば月末になつて転宿する、暫く居れば矢張り面白くなくなる、又転ずると云ふ始末で、足掛二年京橋に居つたが、五六度も下宿を変つた。

其内に学校が駿河臺に移つた為めに神田に行かねばならぬやうになつた。神田は京橋とは違ひ下宿屋は非常に沢山あつた。二三ケ所転々して見たが、何処も混雑して却つて京橋の方がよかつたことを感じた。後には何処へ行つても、同じなものであることを覚つて、駿河臺下の或る下宿に卒業するまで尻を落著けて居つた。其頃は下宿料も少々高くなつて、七八円であつたと思ふ。併し室は六畳で、ゆつくりして居た。（四八～四九頁）

ちなみに、駿河台南甲賀町十一番地（現、主婦の友社お茶の水スクエアC館の位置）に新校舎が落成して移転したのは、明治十九年十二月十一日のことである。

註 『晩成園随筆』を御教示かつ提供して下さったのは、畏友柴田紳一氏である。又、本稿を草するにあたり、種々御教示下さったのは、明治大学歴史編纂事務室の鈴木秀幸氏である。共に記して謝意を表する次第である。

井上毅の集書の一齣

一

『梧陰文庫目録』（昭和三十八年、國學院大學図書館編刊）に未登載の零細な資料の中に、左に示す通り、半紙二枚に毛筆で十五の書目を列記した資料を見出した〔補注1〕（(1)〜(15)は引用者の与えた番号）。

記

(1) 一刑法部分銘書、　壱冊
(2) 一刑憲問録、　三冊
(3) 一御触留書抜、　壱冊
(4) 一寺社奉行所問合挨拶留、　壱冊
(5) 一訴状紮、　壱冊
(6) 一検法秘鑑、　壱冊
(7) 一検使一件、　壱冊

(8)一同取計伺済類留、　壱冊
(9)一公事方聞書、　壱冊
(10)一同伺済其外留、　壱冊
(11)一同例書、　壱冊
(12)一同取計留、　二冊
(13)一憲法部類、　二十一冊
(14)一服忌令撰註分釈、　三冊
(15)一貞観儀式、　五冊

〆

右之通候事

十八年九月

右の書目十五部四十四冊のうち、(12)「同（公事方）取計留」二冊、(15)「貞観儀式」五冊を除いた十三部三十七冊が梧陰文庫に現存する。すべて筆写本である。(1)は前掲『目録』和書之部三八三がそれに該当する。以下、(2)は七七八、(3)は三七一、(4)は三七二、(5)は三八六、(6)は三七六、(7)は七七九、(8)は三七七、(9)は三七三、(10)は三七四、(11)は三七五、(13)は四〇四、(14)は二九四にそれぞれ該当する。

どうやら、右の資料は古書肆の納品書であるらしい。書名の下の「、」は、その書が間違いなく納品されたことを確認した印であろう。従って、⑿⒂もその時納品された筈だが、梧陰文庫が昭和三十二年（一九五七）に國學院大學に寄託されたときには、この二つの書は含まれていなかったのである。

二

現蔵の十三部三十七冊は、三グループに分類できる。第一グループは、岡本弥一郎なる人物の旧蔵本で、⑶⑷⑺⑻⑼⑽⑾の七部七冊である。そのうち⑼は自筆本である。おそらく、失われた⑿もこのグループに含めることができるであろう。⑶⑷⑺⑻の巻末に「岡本」「岡本蔵」の署名が存し、⑼の巻末には「天保九戌年十二月写之、岡本（朱花押）」という奥書が見られる。また⑺の表紙に「岡本弥一郎」の署名が見られ、これらが同一人の筆跡なのである。その他、⑺を除く六部六冊には、表紙の表題の肩と小口とにイロハの符号が付されている（⑽がヲ、⑾がワ、⑼がカ、⑻がネ、⑶がマ、⑷がサ）。これらの徴証により、⑶⑷⑺⑻⑼⑽⑾の七部七冊が、岡本弥一郎の旧蔵本であったことが知られるのである。

岡本旧蔵本はいずれも幕府法に関するものであり、⑼「公事方聞書」、⑽「公事方伺済其外留」、⑾「公事方例書」は勘定奉行所関係の記録であろう。岡本弥一郎の伝は未詳だが、所持本の内容から類推するに、幕府代官の下僚ででもあったろうか。記して後考を俟つ〔補注2〕。

第二グループは、「不羈齋図書記」の蔵書印の捺してある⑴⑹の二部二冊である。⑹には他に、「秋山」

「心酔亭」の蔵書印も見られる。『蔵書名印譜』（朝倉治彦編、昭和五十二年改訂新版、臨川書店）によると、「不羈齋図書記」は東京師範学校（明治五年創立）の第三代校長秋山不羈齋の蔵書印である〔補注3〕。三代校長（明治十年二月～十一年十月）は、秋山恒太郎《こうたろう》という人である（『創立六十年』昭和六年、東京文理科大学編刊）。秋山は天保年間に越後国長岡藩に生まれた教育家で全国各地の中学校長を歴任した（『ふるさと長岡の人びと』二〇七頁、平成十年、長岡市編刊）。

(1)「刑法部分銘書」は、幕府刑法の摘録と見るべき書である。横帳仕立で、奥書・識語等は存しない。(6)「検法秘鑑」は、人殺疵附之部、変死・行倒・同煩人之部、宿村継送病人之部、相対死之事、捨子之事、迷子之事、出火之部、雑之部上下を五巻に配した書で、天保五年（一八三四）の成立であり、検死等に関する幕府法と見られる。

第三グループは、(2)(5)(13)(14)の四部二十八冊である。これらは旧蔵者が同一人ということではなく、それぞれ別々の伝来である。井上毅が古書肆の販売品目の中から選びとったものと思われる。(2)「刑憲問録」は、幕府の訴訟・行刑手続等を記した書であって、「弘化四未年春、於北越新居写之」という奥書を存する。(5)「訴状糺」は、幕府の訴訟手続に関し、目安裏書之事から雑之部までの二十一項目を著録した書である。内題・奥書等は存せず、「訴状糺」という書名は後補の題簽に依るものである。(13)「憲法部類」二十一冊は、幕府法令を分類・編集した書で、石野広道の編である。正編十巻十一冊には享保元年（一七一六）より安永九年（一七八〇）、続編十巻十冊には安永十年より文化十年（一八一三）

までの法令を収める。本書は今日、内閣文庫本を影印版によって見ることができる（『内閣文庫所蔵史籍叢刊』第八十巻、汲古書院）。(10)「服忌令撰註分釈」は、服忌令の註釈書「服忌令撰註」を増補改訂した書であって、文化八年（一八一一）八月に武蔵国忍藩の加藤瀬左衛門次章が著した。梧陰文庫本は三冊からなり、上州高崎藩の八木弾右衛門義政が文化九年六月に筆写した旨の奥書が存する（「服忌令撰註分釈」についての詳細は林由紀子『近世服忌令の研究』〔平成十年、清文堂出版〕参照）。

明治十八年（一八八五）九月、井上毅がまとめて購入した古書十五部は、「貞観儀式」を除くと、いずれも江戸幕府法に関する写本であったのである。この時、井上の明治政府における官職は、参事院議官にして宮内省の図書頭と制度取調局御用掛とを兼ねていた。

三

ところで、井上毅が右の写本を購入したのは何処の古書肆であったろうか。その手懸りが(1)「刑法部分銘書」に存する。同書の最終丁裏の右下に、「東京浅倉」の黒丸印が捺されているのである。この丸印は日本最古の古書肆といわれる浅倉屋のものと思われる（現在は浅倉屋書店の名で、練馬区小竹町の地において和本専門店として営業を続けている）。現御当主の談によれば、浅倉屋は江戸時代の貞享年間（一六八四〜八七）の創業で、明治時代は創業の地である浅草広小路で営業していたという。当時の主人は中興の祖と呼ばれた八代目吉田久兵衛で、彼の手腕によって「古書数万巻、汗牛充棟もただならず、大朝倉屋として古書業界の最高峰に位置」していた（『東京古書組合五十年史』一九頁、昭和四十九年）。

井上毅はまた、――時期は不明であるが――水野尚山なる人物の旧蔵本六部七冊を朝倉屋を通じて一括購入している。その書目は左の通り（上段の数字は梧陰文庫和書之部の架号）。

三六六	三奉行手箱鑑	一冊
三九二	人扱心得記	二冊
三九三	異変即日論	一冊
三八九	御城内外往来心懸記	一冊
三九〇	奉行所定式録	一冊
三九一	異変取扱再帙	一冊

右の六部七冊は筆跡、装幀がすべて同じ筆写本であり、巻末には「東肥　水野尚山」の記名がもれなく存する。また各冊に小口書が施され、順に「御条目　壱」「人扱　弐」「人扱　三」「異変即日　四」「御城内往来心得　五」「奉行所定式　六」「異変再帙　七」とある。したがって、これらの書は水野尚山という人物の所持した一連の写本であったことが知られるのである。そしてこの最終冊「異変取扱再帙」の裏表紙の裏に「東京浅倉」の黒丸印が認められるのである。

右の書目中、「異変即日論」は書名からは想像もつかないが、内容は「公事方御定書」上巻である。

「三奉行手箱鑑」「奉行所定式録」は、犯罪と刑罰あるいは訴訟・行刑等の手続き等に関する幕府法を内容とし、同様に、「異変取扱再帙」もまた倒者、手負人、変死人、迷子、捨子などの変異についての幕府法上の取扱いを記した書である。「御城内外往来心懸記」は江戸城への登下城の途次や藩邸内外に発生した様々な出来事――例えば喧嘩口論、欠落者、身投者、無宿者、放馬など――の対処法を記す。「東肥」が肥後国を意味するならば、水野尚山は江戸藩邸詰の熊本藩士ということになる。水野姓の熊本藩士には、五百石、百五十石、百石の三家があるが（川口恭子編『細川家家臣略系譜』昭和五十八年、熊本藩政史研究会刊）、水野尚山がいずれに該当するか未詳である。水野尚山の伝とその所持本の検討は今後の課題である。

四

前掲『梧陰文庫目録』に著録する図書の総数は八百十六部。ここから漢籍および準漢籍を除いた、いわゆる和書は約六百四十部である。和書の中には、江戸時代に筆写されたとおぼしき写本が百二十部ほど見られ、和書全体の六分の一強を占める。江戸時代写本を内容別に見ると、法律部門の法制史に分類されるのが四十五部で最も多い（明治十八年九月購入の現存する十三部三十七冊、および購入時期不明の水野尚山旧蔵本六部七冊は、すべて法制史に分類される）。ついで多いのが歴史部門の日本史に分類されるもので、二十五部を数える。他の部門に分類されるのは、各々十部以下である。

江戸時代写本の三分の一以上が法制史に分類されるという蔵書構成は、法制官僚の道を歩んだ井上毅の集書として当然といえば当然ではある。しかしながら、前時代の旧法である幕府法の写本を多数入手した意図について、今後検証する必要がある。その入手先の一つが浅草広小路で長らく営業する古書肆朝倉屋だったのである。

〔補注1〕その後、この資料は「購入古書目一覧」と題して『梧陰文庫総目録』（平成十七年、東京大学出版会）に登載された（架号、E－一三一）。

〔補注2〕本稿公表後、北陸大学助教授原禎嗣氏より岡本弥一郎についての御教示を得た。それによると、彼は代官川崎平右衛門の手代岡本弥一郎長之のことであるという。彼には天保六年（一八三五）五月の自序を有する「検使楷梯」という著書があり、本書は写本がいくつか伝えられ、『刑罪珍書集』I江戸の政刑一斑（昭和五年、武侠社）にも翻刻されている。

〔補注3〕本稿公表後、「不羈齋図書記」という蔵書印の押捺された写本が、明治大学博物館所蔵の黒川真頼旧蔵本の中にも存することを知った。佐藤邦憲「黒川家旧蔵武家法――中世・近世――関係図書について」（『明治大学刑事博物館年報』一五、昭和五十九年）によると、それらは「当時御法式」一冊、「流人赦免死亡帳」一冊、「牢内深秘録」一冊、「聞伝業書」十一冊、「法令雑録」五冊、「享寛令条」二冊の六部である。明治時代の蔵書家黒川真頼（一八二九～一九〇六）もまた、古書肆朝倉屋を通じてこれらを入手したのであろうか。

黒川真頼と國學院

一　名物講義

明治三十九年八月二十九日、御歌所寄人正四位勲四等文学博士黒川真頼は、七十八歳の生涯を閉じた。『國學院雑誌』は、早速に「黒川博士を悼む」と題する記事を載せ、故人を偲んでいる（一二巻一〇号、明治三十九年十月）。無署名の記事であるが、ここには黒川真頼の名物講義ぶりが次のように描かれている。

黒川博士は、國學院では専ら枕草紙を講釈されたものである。その講釈の甘いこと、いつたら、実に落着いたもので、あまりに能弁といふのではないが、一言半句少しも無駄がない。殊にその有識故実のことになると、当時代に生れていた人が実際を話すやうで、一点の疑もなく、明瞭に確実によく会得させせられたのだ。又文法上、言語解釈、語源説明なども実に深遠巧妙なもので、誰しも敬慕驚嘆しないものは無かつたのである。多くは一週二時間続であつたが、その日が来るのを誰も〳〵指折数えて待ちわびてゐた。かねて欠席がちな学生も、この博士の枕草紙の日ばかりは、必ず登校した。もし万やむをえない事があつて、登校の出来なかつたものは、翌日他学生の筆記及び書入を借りて、丁寧に写しとつておいたものだ。

この頃の國學院の講師に、三人の名物講師があつた。それは本居（豊頴）侍講の源氏物語、河田（川）（剛）博士の論語と、黒川（真頼）博士の枕草紙。これらはいづれも講釈のうまい所で、学生のよびものになつていた。その中でも、殊に博士の枕草紙は第一におかれ、最も尊敬を払はれてゐたのである。博士の講演中は単に学生ばかりでなく、当時の講師中にも、学生席について傍聴されたほどであつた。

（括弧内および改行は引用者）

哀悼記事は、次いで

博士はまた極めて國學院を愛し、既に此老年に及んで、座作進退御不自由がちなるに拘らず、大学（今日の東京大学）の方は休まれても、わが國學院へは腕車（人力車）に乗りて来られ、給仕もしくは職員の肩によりて講堂に扶けられつ、登られ、満堂熱誠渇望の学生に迎へられたまうたのである。

又他の来客には謝絶されても、國學院学生が訪問した時には、歓んで遇つて下さつた。とにかく門弟子を愛されることは、非常であった。

とも記している。

二　略歴

黒川真頼は、文政十二年（一八二九）十一月、上野国山田郡桐生町（現、群馬県桐生市）において、機業を代々営む金子吉右衛門治則の家に生まれた。幼名を嘉吉、初め寛長といい、後に真頼と改めた。号は荻齊。幼少の頃から学を好み、十三歳の天保十二年（一八四一）、江戸の国学者黒川春村（一七九九～一八六六）が桐生に程近い大間々町に来遊の折、その門に入った。その後、家業に精励しながら学を修め、三十八歳の慶応二年（一八六六）、師春村の養嗣子となって家学を継いだ。

明治二年八月、四十一歳にして大学少助教に任ぜられたのを皮切りに、文部省、元老院、内務省、農商務省に籍を置き、五十七歳の明治十八年十二月に非職を仰せつけられた。文部省においては『語彙』十二巻の編纂に参与し、元老院においては旧典類纂の『纂輯御系図』二冊、『皇位継承篇』六冊を横山由清とともに編んだ（明治十～十一年、元老院蔵版）。明治二十年には農商務省農務局の依頼を受け、『大日本農史』三冊中、維新以前の二冊を編み（明治二十四年、農商務省蔵版）、ついで『大日本農政類編』一冊を織田完之らに協力して撰した（明治三十年、農商務省蔵版）。内務省および農商務省においては博物局に属して、仏国博覧会、内国勧業博覧会等の仕事に従事し、ここでは『工藝志料』二冊を完成させ（明治十一年、博物局）、正倉院御物整理のため奈良に出張を命ぜられたりもした（明治十五年）。

この間の明治十二年、東京大学法学部文学部講師を嘱託され、国文、国語、古代法制等の学科で教授した。さらに明治二十二年よりは東京美術学校、同二十四年よりは東京音楽学校においても教鞭をとった。これらの経歴からも了解されるように、真頼は国史・国文・国語のみならず、美術・工藝・音楽・風俗・歌道等、国学の諸領域に造詣が深く、これらに関する著作の多くは『黒川真頼全集』全六冊（黒川真道編、明治四十三年～四十四年、国書刊行会）に収録されている。

真頼は、五十三歳の明治十四年、東京学士会院の会員に選ばれ、同二十年、同院より古事類苑編纂委員を嘱託されて帝王部の編纂を担当した（明治二十九年刊）。翌二十一年六月七日、わが国第二回目の学位授与に際し、中村正直、川田剛、末松謙澄らとともに文学博士の学位を授与された。時に六十歳である。同日、御歌所寄人を命じられた。明治二十六年に至り、真頼は九月十一日付をもって帝国大学文科大学教授に任ぜられ、高等官五等に叙し、本俸四級俸を給せられ、国語学国文学国史第三講座担任を命ぜられた。この間も美術学校、音楽学校には引き続いて出校していたらしく、七十一歳の明治三十二年に中風症が再発して重体となり、そのために同年五月、願いによって両校の嘱託を解かれた。この時以来、真頼は起居の自由を失ない、家人の看護を受けて餘生を送ることとなった。

なお、真頼は裁判官の法服をデザインし、藤原鎌足、和気清麻呂、菅原道真等、紙幣に描く肖像を考証したことでも知られる。

三　皇典講究所・國學院への出講

黒川真頼の講義は、國學院創立の明治二十三年には始まっていたらしい。講義が当初より「枕草子」であったかどうかは判からないが、國學院創設時の受持講師一覧表には国文学科の欄の筆頭に真頼の名があげられている。国文学科の同僚の講師として、木村正辞、物集高見、本居豊頴、久米幹文、阪正臣《ばんまさおみ》、落合直文、関根正直ら都合十三人の当代一流の顔ぶれが並んでいる。

「枕草子」についての真頼の解釈は、受講生の講義筆記が『國學院雑誌』の第二巻第一号（明治二十八年十一月）から第四巻第七号（同三十一年五月）にかけて断続的に十回にわたり、「（評釈）枕草紙――学生筆記――」と題して掲載された。又、講義の大要は、教え子の松平静が著した『枕草紙詳解』上中下（明治三十二年～三十三年、誠之堂書店）によって見ることができる。本書は、真頼の受講生渡辺文雄の書入本なども参照して著述したもので、黒川真頼、飯田武郷の校閲を経たものである。「枕草子」についての真頼の解説は、「伝統の学説に新しい考証を加え、かつ平易な解釈を施して普及と啓蒙に貢献し、後世の註釈本に影響を与えた」と評価されている（『近代文学研究叢書』八巻四四七頁）。

これより前、真頼は國學院の設立母体である皇典講究所にも講師として出講していた。『國學院大学百年史』は、「明治二十一年の頃より国文学を講じ、学生の指導に尽力せられた」と記す（上巻三八二頁、平成六年）。

皇典講究所は明治二十一年十二月六日、司法大臣山田顕義の所長就任に先立って、関係者が一堂に集って講究所拡張を議した。協議の席上、山田顕義は我が国の「人種、慣習、風俗、言語の如き、国体となるべき要用なる部分に付て講究」する必要について演説し、当時、憲法、皇室典範等を編纂しつつあった井上毅（法制局長官）もまた、国典講究の必要なことを理路整然と説いた。この時、彼らの考えが反映していると思われる「皇典講究所改正ノ趣意」が列席者に配布され、この趣意書に基づき、山田顕義所長のもとに翌二十二年一月より新しい皇典講究所が発足するのである。毎週一回の皇典講究所講演もこの時から始まった。

趣意書の一節には「皇典講究所ハ嘗テ国書専門ノ学生ヲ養成スル為ニ設ケタル所ニシテ、其意漸近シ、故ニ今其規模ヲ大ニシ、其面目ヲ新ニシ、此所ニ普ク国学専門家ヲ招集シ、以テ本邦文学ノ淵藪トナシ、国ノ習慣風俗ヨリ、政治、法律、経済、言語ノ沿革変遷等、各自其長ズル所ニ依リテ部門ヲ分チ、日時ヲ定メ、互ニ講究討論セシメ云々」と見え、そのための学科と講師、および講演発行手続が公表された（『皇典講究所改正要領』明治二十二年六月刊）。講師は小中村清矩をはじめとする三十五名で、黒川真頼も名を連ねている。それ故、真頼は少なくとも明治二十二年一月の時点において、皇典講究所講師を委嘱されていたと思われる。

真頼は早速に「東大寺法隆寺の話」と題する講演を行ない、これを『皇典講究所講演』第八（明治二十二年六月一日発行）に載せている。以後、真頼はしばしば講演を引受け、『皇典講究所講演』には合計二十二タイトルの講演録が収載されている。その最後の講演録は「國學院第三回卒業式の演説」（『講演』第一五六、明治二十八年八月一日発行）というもので、これは「教育とは何ぞ」という事を卒業生に向って、「國學院設立趣意書」にもとづいて古代から説き起した講演である。真頼は、その後明治三十二年一月に中風症が再発して一時重体に陥ったから、皇典講究所ならびに國學院への出講は、明治二十二年一月以来満十年を数えて終了したことになる。

なお、父真頼の全集を編んだ真道は、東京大学古典講習科国書課を卒業して父の学統を継ぎ、明治大正の交、國學院大学において禁秘抄、有識故実を講じた。

四　黒川文庫

國學院大學図書館は、黒川家旧蔵の神道関係書四〇八部、七〇四冊を所蔵する（その大部分が袋綴であり、表紙肩には「神祇」の二字の丸印が、巻首内題の下には「黒川真頼蔵書」の蔵書印が捺されている）。江戸時代の版本、写本類を中心とするこの黒川文庫本は、昭和三十年度の文部省私立大学基礎設備補助金の交付を受けて架蔵するに至ったもので、幕末の国学者鈴鹿連胤旧蔵の尚褧舎本、神道学者で本学元学長河野省三旧蔵の河野文庫本等と共に、本学図書館所蔵神道書の中核をなしている。黒川文庫本については、昭和三十五年、菟田俊彦氏の手によって『國學院大學図書館収蔵神道書籍解説目録　第一輯——黒川文庫——』が編まれており、これを見るならば、いかに貴重な神道書で満たされているかが判明する。ここには村田春道、荒木田久老、屋代弘賢、伴信友、清水浜臣、岸本由豆流等の国学者、幕府の寛政改革を主導した奥州白河藩主松平定信、信州須坂藩主堀直格《なおかた》、大田南畝、和学講談所等々の旧蔵本なども見出すことができる。

黒川真頼は、八万冊を所蔵すると自称する蔵書家であって、〝書物狂い〟と言っても過言ではない。明治四年より居を構えた浅草小島町の自宅には、天地人と名づけた三棟の蔵があって、ここに分類整理して書物を収蔵した。今日、二種類の蔵書目録が伝存しているが、そのうち『色葉書目』という蔵ごとに分類した書名目録七冊には、一万二百餘部、三万四千冊餘が著録されている。毎年の夏には孫達全部が集まり、家中総掛りで本を一丁ずつリレー式にパラパラ繰って風を入れる土用の虫干しが恒例の行事となっていた。

黒川真頼の蒐書活動として、「朝合戦」「晩酌」と称する日課があったという。「黒川真頼先生言行録」によると、出勤前の早朝、島田屋という古本商が一背負の書籍を持ってくるのが例であった。真頼は島田屋の到来を待ち構えていて、すさまじい勢いで仕分けして本を買い取った。そこで家人がこれを「朝合戦」と名づけたのである。又、須原屋源助という古本商は、毎晩、真頼の夕食時をねらって古書を持ち込み、真頼は必ず何冊かの本を購入した。家人はこのことをうるさく思って陰口をたたいた処、真頼は家人に向って「自分は生まれつき下戸で少しも酒盃を手にすることはない。だから毎晩少々の書物を買って晩酌の肴とするのだ」と応酬した。それ以来、夕食時の古本購入を「晩酌」と称したのである。真頼は、自宅八畳間の書斎において日曜日の午前と木曜日の夜間とに輪講会を開いていたが、弟子達への講釈を終えた日曜日の午後、古書漁りに出掛けるのを楽しみとしていた。真頼は、食事の時でも本を膝の上にのせて読みながら食べ、傍らで給仕する家人に「何膳食べたか」とたずねるのだという。それ程の本好きで片時も書物を離さなかったのであり、真頼の博覧強記はこの蔵書に裏づけられていたのである。

真頼の没後、三つの蔵の書物は、家学を継いだ四男の真道がこれを利用しつつ管理していたが、大正十二年の関東大震災の折に焼失し、かろうじて「人」の蔵のみが残った。大正十三年、焼け残った黒川家蔵書中、江戸時代の絵本類が入札をもって古本商に売り払われ、大多数の書籍は戦後になってから黒川家を離れた。「人」の蔵には一万三千冊餘が存したというが、今日、本学図書館以外には次の諸機関に襲蔵されている。

①岡山市のノートルダム清心女子大学には歌学書を中心として一〇八一部、三三八七冊、②実践女子大学図書館には物語・小説関係を中心として三一三部、二二八六冊、③宮内庁書陵部には日記・紀行を中心として二一九部、三九九冊、④日本大学総合図書館には仏書が約五〇〇部（冊数不明）、⑤明治大学には図書館、刑事博物館、法史学研究室の三箇所に一七九三部、四八五二冊が架蔵されているという。

その内容は、政治・法制関係書が刑事博物館と法史学研究室に分蔵され、図書館には典例・儀式、地方・銭貨の経済関係書、官職・服飾関係書が収蔵されている。その他、東京大学文学部国語研究室にも、数量は不明であるが国語関係資料が存し、また若干は個人蔵書家の所有に帰したものもあるらしい。

黒川家蔵書は、春村、真頼、真道の三代にわたる蒐書であると常々言われる。しかしながら、真頼自身が「あの文庫に蔵せる八万の書籍は、あらゆる無用の費を省きて、吾が独力を以て吾が一代の中に収め貯へたるものなり、父より譲られたる書物は、かの四書正解唯一部のみ」と語っているので（「黒川真頼先生言行録」）、三棟の蔵の書物の大部分は、真頼一代で蒐集したものと考えてよいであろう。

〈参考文献〉

黒川真道著『黒川真頼伝』（大正八年刊、昭和五十四年改訂、奈良書店〈桐生市〉）

佐藤利文著「黒川真頼先生言行録」（『國學院雑誌』一二巻一〇・一一・一二号、明治三十九年）

植木直一郎著「先師の面かげを描く――文学博士黒川真頼先生――」（『國學院雑誌』四六巻一二号、昭和十五年）

昭和女子大学近代文学研究室著『近代文学研究叢書』第八巻（昭和三十三年）

永田清一著「黒川文庫」（『実践女子大学紀要』一三集、昭和五十六年）

附篇

〔書評〕

瀧川政次郎著『日本法制史』

この度、國學院大學名誉教授瀧川《たきかわ》政《まさ》次郎《じろう》博士の『日本法制史』が講談社の学術文庫に収められ、装いもあらたに再刊された。本書は今をへだてる五十七年前の昭和三年、有斐閣より出版された日本法制史の概説書である。当時、日本法制史と名のつく概説書がまったく無いという訳でもなかったが、瀧川博士自らが本書序（有斐閣版）に、「そのあるものは陳腐であり、またあるものは羊頭狗肉である。故に今日学としての日本法制史を概説したものは、まず一つもないといってよい」と述べられたごとく、日本法制史の本格的な概説書は本書をもって嚆矢とする。当時博士は〝日本法制史学〟について、「現代は史料蒐集の時代であって、体系樹立の時代ではない」（四三頁）という考えを持っておられたようだが、本書において一応の体系を築かれたのである。したがって、その後の日本法制史概説は大なり小なり本書を意識しつつ書かれているのであり、このような法制史が再刊されたのはまことに意義深いと云えよう。

本書は瀧川博士の専任校である中央大学をはじめ、出講せる法政・日本・東京商科・慶應・早稲田の各大学で教科書に用いられた。これらの大学の多くは、瀧川博士によってはじめて日本法制史が開講されたのであって、その意味でも、本書は日本法制史の学史上の重要書である。戦後は、昭和三十四年に角川書店より再刊されて、わが國學院大學における瀧川博士の日本法制史講座の教科書として再び用いられた。それ故、有斐閣版・角川版ともに何回も版を重ねたのであって、十年ほど前には神田の古書店でいくらでも目にとまったものである。学術文庫版は、この頃見かけなくなったと思っていた矢先の再刊である。学術文庫版は、有斐閣版にもとづいて仮名使いや旧漢字を現代風にあらため、術語の多くにもルビがふられている。巻末には七十餘頁にわたる詳しい索引がつけられてあり、文庫本という手軽さもあってたいへんに読みやすくなった。なお、校訂者嵐義人氏の「日本法制史の興隆と瀧川博士」が下巻に収められている。

本書の第一の特色は、瀧川博士独特の時代区分にあると言えよう。博士は、「法律の変遷は政治の変遷と必ずしも相伴うものでないから、法制史にはまた法制史独特の時代区分法が存在して然るべきである」（八八頁）という見地から、左の如く区分された。

瀧川博士の時代区分	三浦周行博士の時代区分
固有法時代 （前期）純固有法時代 （後期）大陸継受法時代	上古時代（第一固有法時代）

支那継受法時代 （前期）律令時代 （後期）固有法復活時代 融合法時代 （前期）式目時代 （中期）国法時代 （後期）定書時代 欧米継受法時代	中古時代（第一外国法模倣時代） 律令時代（支那法採用時代） 格式時代（慣習法発達時代） 武家時代（第二固有法時代） 鎌倉室町時代（式目時代） 戦国時代（国法時代） 江戸時代（諸法度時代）（御定書時代） 明治時代（第二外国法模倣時代） 欧米法採用時代 法典修正時代

右にみるように、瀧川博士の時代区分は、大正十年に発表された三浦周行博士「法制史概論」（同『続法制史の研究』所収）のそれを承けついだものと思われるが、博士の工夫は、とくに鎌倉開府より明治維新に至る約七百年を「融合法時代」と規定したところに存する。これは、この時期が「支那継受法たる律令格式の法と、我が固有法の復活せるいわゆる『天下の大法』との融合した時代であるのみなら

ず、また寺院内の《（ママに）》発達せる寺院法及び荘園内に発達せる特別の慣習法等が、すべて一つに融合した時代である」（九一頁）という認識に立っての命名である。このように法の有りようを把えて時代を区分する方法は、もっと見直されてよいように思う。

本書は右の時代区分にしたがい、融合法時代後期の定書《さだめがき》時代までが書かれている。明治以降の記述のないのがいささか不満に思われるが、これについては、瀧川博士が次のように回顧しておられる。「本書が成った昭和初年においては、明治時代史は現代史の一部」であり、憲法をはじめとする諸法典の「編纂に従事した人々の約半数は生存しておられたから、それら法典編纂の功罪を論評することには憚りがあった」と（学術文庫版序）。今日では法学部の多くで近代法史なる講座が設けられ、そこではもっぱら明治以降の法制史が講じられている。隔世の感ありという処である。したがって、明治以降の法制史に関してはその後の成果をもって補う必要があるが、これも本書がいかに古典的著書であるかを物語るものである。

博士は本書において、法制史を「国民の法律生活の歴史」と定義し、「広い意味の文化史の一部門」と位置づけ、したがってその目的は、古代法の解釈を行なうことによって「古代人の法律生活を明確にする」ことにあるとされた（四一頁）。博士は自らの法制史学研究の立場について、文科派の法制史を正統と仰ぎ、法科派の長所を受け継いでゆきたいと言明された（六六頁）。当時の日本法制史学には、東京大学の中田薫博士を代表とする法科派と、京都大学の三浦周行博士を代表とする文科派との大きく二つの学風があり、前者はドイツ法学の影響を受け、概念明確にして学問体系が立派であり、後者は各時代の時代精神や社会相を把握するのに長けていると評されていた。博士は法科派の中田博士に教えを受けた身でありながら、文科派が正統であると述べるなど、なかなか勇気の要る発言である。

博士は、このような認識と立場にたって法制史研究に邁進されてきたのであるが、本書において次のようにも述べておられる。歴史家の第一の要件は「博覧強記」であること。又、「材料書を丹念に精査」せよとも云われる（五一頁）。瀧川博士がまれにみる博覧強記の持ち主であることは衆目の一致するところであり、その研究領域の広さは他者の追随を許さない。博士はわれわれ後進に〝博覧強記であれ〟と力説される一方で、「新出史料などというものはめったに無いのだから、六国史とか令義解とか、みんなの読み古した基本史料をじっくり読み込みなさい。そうすれば新発見が必ずや有る」と戒められる。史料の博捜と熟読玩味、相反するかのような両者をまっとうせよと言われるのである。

翻って考えるに、半世紀以上も昔の教科書が再刊されて今に息づいているのは驚くべきことである。日本法制史といえば、砂をかむような味気のない、堅苦しい学問であるという印象をもっている向きも多いことであろう。しかし、瀧川博士の『日本法制史』を一読すればそんな先入観はふきとんでしまうに違いない。本書は博士三十一歳の時の刊行、執筆は二十代のことである。しかも新進気鋭の博士が、東京大学で法制史を講ずる中田薫博士に対抗意識を燃やしつつ執筆されたものであるから、その筆致は若さと躍動感にあふれている。博士は、「歴史家たるものは、……自己の認識するところを、他人をして如実に、目前に見るが如くに認識せしめ」なければならない（六〇頁）という抱負をもっておられたから、おのずからその文章はわかりやすく、いわゆる〝読ませる法制史〟となっている。戦後に出版された幾種類かの概説書と読みくらべれば、本書がどれほど平易にかつ興味深く書かれているかが了解できるであろう。これが本書の大きな特色であり、また半世紀以上の寿命を保っている秘密でもあるような気がする。そして、何故に博士の法制史にかくも興味を覚えるのだろうかと考えるに、それは、庶民のもつ法意識とか法感覚とかを重視され、「血の通った法制史」ということを口ぐせのように説かれる博士の学問態度と関係があるのではなかろうかと思い至るのである。

瀧川博士は、本書刊行の前、多数の論文とともに既に二冊の著書を世に問うていた。一冊は、日本古代の社会経済史研究の先駆となった『法制史上より観たる日本農民の生活』律令時代上下巻（後に合冊して『律令時代の農民生活』と改題）であり、もう一冊は後に英訳が出されるほど人口に膾炙した『日本社会史』である。なんと早熟なことか、またどれほどに研鑽を積んだことか。本書はこのような博士によって著されたのであり、右の論著にもとづく最新研究が盛り込まれていたのである。また一方では、先学の研究もおおいに参照したのであって、とくに人権法・物権法・債権法・親族相続法等、これら私法関係の章節においては、恩師中田博士の研究に負うところが多かったようである（学術文庫版序参照）。どの程度に依存したのかは、中田博士の講義録『日本法制史講義』が公刊されたので参照いただきたい（昭和五十八年、創文社）。ともあれ、昭和三年の時点で、これほどに卓越した概説書を著された博士の偉業に、あらためて敬意を表したい。ただ、個々の内容に関しては、訂正増補すべき点の生じていることを念頭に置くべきであろう。なにせ、刊行後半世紀以上も経っているのだから。

本学は、皇典講究所以来の法制史の伝統をもち、明治大正時代、東京大学の法科派や京都大学の文科派とならび、國學院派と称された。明治三十六年、本学は『法制論纂』『国史論纂』『国文論纂』を編むが、『法制論纂』と引き続いて翌年に編まれた『法制論纂続編』とは、法制史の論文集としてわが国最初のものである。当時は法制史担当の講師として三浦周行博士が出講しておられ、遡って皇典講究所の創設時には、律令学の大御所小中村清矩博士を法令学科の正科主任教授に迎えた。爾来、「律令考」を著して近代的律令学の創始と仰がれる佐藤誠實博士、『御成敗式目研究』で名高い植木直一郎博士、『上代史籍の研究』等数多くの業績を残された岩橋小弥太博士、日本古代史・古代法制の研究に巨大な足跡を残される坂本太郎博士などすぐれた人材を輩出した。瀧川博士は昭和二十四年に本学に奉職され、律令の研究を中心にすえて法制史の伝統を継承発展させたのであった。こうした系譜をもつ本学の律令研究は、今なお高い評価を得ているのである。

博士はまもなく九十歳を迎えられようとしている。だが学問一筋の生活は二十代の昔といささかの変わりもない。ますます御健勝にて、後進の我々に叱咤の鞭をとばしていただきたいものである。（文庫判　上巻四二三頁　昭和六十年六月発行　定価九八〇円、下巻三七〇頁　昭和六十年八月発行　定価八八〇円　講

談社刊）

〔書評〕

藤田弘道著『新律綱領・改定律例編纂史』

本書は、著者が昭和四十八年から平成十一年にかけて公表した十篇の論文を整理・集成した書である。本編・史料編の二部構成をとる。本編各章の表題は左の通り。

第一章　新律綱領編纂考
第二章　新律綱領草案考
第三章　新律綱領の編纂と通行印鑑遺失条例の制定
第四章　足柄裁判所旧蔵『新律条例』考――改定律例の草案と覚しき文書について――
第五章　改定律例編纂者考
第六章　『公文録』所載「新律条例」考――改定律例の再校草案と覚しき文書について――
付　章　府県裁判所設置の一齣――足柄裁判所の場合――

史料編は、「新律条例」の足柄裁判所本と『公文録』所載本との各条文を比較対照できるように翻刻する。また、巻末には人名索引・事項索引が存し、本書の繙読を便ならしめている。

周知の如く、「新律綱領」は明治新政府の最初の全国統一刑法典である。明治三年の暮も押し詰まった十二月下旬、府藩県に頒布され、翌年より順次施行に移されていった。一方、「改定律例」はその追加改正の法典であり、明治六年六月十三日公布、翌月十日をもって施行となった。このような重要法典であるにもかかわらず、その編纂過程や編纂関係者に関する基礎的な研究は決して豊富とは言えず、昭和九年から同二十二年にかけて、手塚豊氏を中心として小早川欣吾氏、小林好信氏の論文が存した程度であった。しかも、その当時では披見できる史料にも限界があった。このような研究状況の中、先学の披見できなかった諸史料をも駆使しつつ、著者は右の諸論文を発表していったのである。第四章が著者の処女論文であり、それ以来一貫して本書タイトルの研究を進められ、昭和時代にはその中核をなす諸論文が出揃っていたから、本書の刊行ははやくから待望されていた。

以下、各章の内容を簡略に紹介しよう。第一章は、「第一次草案進達まで」「第一次草案進達から頒布まで」「論功行賞」「頒布直後の施行状況」の各節から成り、本来これらは独立の論文として発表されたものである。「第一次草案進達まで」の節は、水本成美が明律取調御用を太政官より仰付けられた明治元年十月二十五日に始まって、「新律綱領」の第一次草案である「新律提綱」が太政官に上呈された同三年六月十四日までを考察する。『続愚林記』(刑部卿正親町三条実愛の日記)や『保古飛呂比』(刑部大輔佐佐木高行の日記)を活用して、とりわけ刑部省における草案審査の模様を克明に調べあげている。

「第一次草案進達から頒布まで」の節は、次のことを明らかにする。すなわち、第一次草案が差戻されたため、再整備のうえ再び上呈したこと、それが太政官での審査会議にかけられ、会議を経た再訂草案が三年十月十二日に裁可されて刑部省内で施行されたこと、全国の府藩県へ頒布した様子などである。「論功行賞」の節は、褒賞に与った編纂関係者が水本成美以下の刑部省所属の人々に限られることとその理由を考証する。水本は「新律綱領」の編纂に最も功績の大きかった人物であるが、その不行跡による処分と褒賞との関係についても言及する。「頒布直後の施行状況」の節は、「新律綱領」に関する様々な疑義についての府藩県からの伺を諸史料に求め、その施行状況を追究する。また、それらの疑義から新法典の追加・修正が早速に生じた事例なども指摘する。

第二章は、刑部省第一次草案（明治二年六月四日、太政官へ上呈）より以前の草案、すなわち新律編修局の初案と同局再訂案の存在を明らかとし、これら草案の成稿時点を考察し、断片的ながらもその内容の解明を試みている。これらの草案は、著者が「刑部省審査会議提出案」「刑部省審査会議再提出案」とも呼んでいるように、刑部省の内部審査用の草案である。初案は明治二年八月頃までには稿成り、その内容は当時刑部省内で用いていた「仮刑律」と比べて量刑がはるかに重く、厳罰主義で編纂されたものであることをつきとめた。しかしながら、寛刑を旨とすべしという同年十月七日の太政官の「御沙汰」によって編纂方針に変更がもたらされ、翌三年二月二十四日をもって再訂案が成稿した。著者は再訂案の内容の一端を明らかとし、それによると、その量刑は頒布された「新律綱領」よりまだ一等ないし二等重いという。

第三章もまた「新律綱領」の編纂に関する論文である。すなわち、通行印鑑遺失についての諸官庁からの問合せ、掛け合いと、それに対する刑部省回答が、ちょうど「新律綱領」編纂の時期と重なり合っているため、通行印鑑遺失条例の制定経緯を「新律綱領」編纂との関わりで考察している。

第四～第六章は、「改定律例」の編纂過程、編纂関係者、ならびにその草案である「新律条例」についての考証である。第四章は、「新律条例」には明治五年八月に太政官に奏進した第一次草案、同年十月十三日上呈の第二次草案（再校草案）、同年十一月二十八日上呈の第三次草案（確定案）という三種の草案の存在したことを解明し、足柄裁判所旧蔵の「新律条例」（現、法務図書館所蔵）が第一次草案であることをつきとめた。さらに進んでその内容に検討を加えた結果、体裁の面において不整合・不統一が見られ、その法定刑は後の「改定律例」と比べて――「改定律例」では絞・斬の死刑であるのに第一次草案では終身懲役となっているなど――軽くなっている場合が少なからず見出せるという。このような草案段階の不備の存する「新律条例」ではあるが、著者は足柄裁判所がこの草案の条文を適用した明治六年三月二十九日の擬律伺を見出し、その上で、この草案は「改定律例」頒布の同年六月十三日までは足柄裁判所において実際に使用されたと推測する。

第六章は、『公文録』に「新律条例」の掲載されていることを発見し、これが第二次草案の写しであること、しかも第二次草案に対する左院の意見と、その意見に添って明法寮の行なった修正・追加を含むものであることを考証している。

かくて著者は、第五章において「新律条例」の編纂関係者についても考察を加え、断片的な史料をつなぎあわせ、その編纂部局は司法省の明法寮であるとし、編纂主任は第一次草案については明法助の鶴田皓、第二次草案以後は権大法官の水本成美であると推定する。なお、「新律条例」の名称を「改定律例」に変更したのは、これを木版に彫刻する段階のことであった。

付章は足柄裁判所設置の経緯と、裁判所発足当初の実態をその構成員と二つの裁判事例をもって考証する。とりわけ所長佐久間長敬に関する記述は、今日、彼についての最も詳細な伝記となっている。

著者は、本書所収の諸論文を著すにあたり、『憲法類編』『法規分類大全』などの公刊史料は言うまでもなく、「公文録」「太政類典」「府県史料」（国立公文書館所蔵）、府藩県から刑部省等への伺、府藩県の口書（法務図書館所蔵）などの未刊史料に至るまで、実に丹念に諸史料・諸文献を博捜し、関連記事は細大漏らさず抽出するという態度をとっている。それ故、著者の活用した文献は夥しい数にのぼる。諸文献の博捜という手法は、明治法制史研究の泰斗手塚豊氏の薫陶をうけた著者ならではと言うべきであろう。従って、「新律綱領」「改定律例」の編纂史に関する新事実を提示することは、新出史料でも発見されない限りもはや困難であるとの印象を受ける。その意味で、本書は両法典編纂史の決定版と言える。

本書には史料集としての性格も存するように思える。それは、史料編として「新律条例」二草案の対照表を附載することにもよるが、著者が関係記事をできるだけ掲出するという方針で各論文を仕上げていることによる。後学にとってまことに有難いことである。このことは、詳細な註が数多く施されているることと相俟って本書の価値を高からしめている。

本書の各論文は、相互関係が濃密である。そこで著者は、関連箇所について「本書〇〇〇頁参照」という注記を随所に挿入している。又、引用史料や詳細な註が多用されているにもかかわらず、誤植を見付け出すのは甚だ困難である。本書は、このように隅々まで神経の行届いた論集となっている。今後、本書は日本法制史の基本的文献の一つとして長く息衝くことと思われる。

しかしながら、本書に対する不満がまったく無い訳ではない。本書所収の諸論文とりわけ初期の論文は、ひたすら事実の解明に意を注ぐあまり、解明した事実がいかなる意味や意義を有するのかという考察がやや稀薄となっているように見受けられる。そのため、論述が平板であるという雰囲気が漂よう。又、本書は論題についての自己完結性が高い。これは長所でもあり、一面弱点ともなっている。それは「新律綱領」「改定律例」の編纂が、前後の時代の法典編纂などと比較して、日本法制史上にどのように位置付けられるのかと言った議論がほとんどなされていないからである。禁欲的な研究姿勢とも言えるが、この点は評者にとっていささか物足りなく感じた。最後に勝手な感想を述べたが、どうか御寛恕を乞う次第である。（二〇〇一年四月、慶應義塾大学出版会、A５判、四四八頁、本体価格一〇〇〇〇円）

あとがき

本書のタイトルを考えたとき、すぐさま三人の名前が思い浮かんだ。幕府将軍徳川吉宗、熊本藩主細川重賢、白河藩主にして幕府老中の松平定信である。

現在の勤務先の國學院大學日本文化研究所にはじめて関係したのは、非常勤の研究員として採用された昭和五十八年四月のことであった。以来今日に至るまで、研究所における仕事は常に、右の三人が実施した政策を対象としてきた。それは、享保期の明律研究、「公事方御定書」、「刑法草書」とそこに端を発する徒刑制度ならびに人足寄場制度などである。最初に取り組んだのは、和歌山藩儒医高瀬喜朴（号学山）の著した『大明律例訳義』を翻刻する作業であった（小林宏氏と共編で『高瀬喜朴著大明律例譯義』と題して平成元年に創文社より刊行）。『大明律例訳義』は明律の逐条和訳の書であって、これは将軍吉宗の命による著述である。

次に対象としたのは、熊本藩の「刑法草書」である。この刑法典は、細川重賢の行なった宝暦の藩政改革の重要成果の一つである。「刑法草書」は、江戸時代の刑法典の中の白眉としてはやくから著名であったが、その研究は必ずしも進んでいなかった。それは、同法典が明律に多くを学んで編纂されていることが原因しているらしかった。小林宏氏は、『大明律例訳義』が「刑法草書」の編纂資料として、またその運用にあたっては補充法として様々な役割を果たしていることを解明された（「熊本藩と『大明律例譯義』」前掲書所収解説、ならびに「熊本藩における中国法の機能」『國學院法學』二六巻一号、昭和六十三年）。筆者は、「刑法草書」の各種の草案を分析整理して、その編纂過程を跡付けて翻刻し、史料集の刊行を目指していた（同じく小林宏氏と共編で『熊本藩法制史料集』と題して、平成八年に創文社より刊行）。

「刑法草書」を研究する過程で、ここに定める徒刑という刑罰が、幕府人足寄場の淵源をなしていることに気付いた（「熊本藩徒刑と幕府人足寄場の創始」『熊本藩法制史料集』所収解説）。石川島の人足寄場は、吉宗の孫の松平定信が幕府の寛政改革の一環として採った政策である。寛政改革の基本は吉宗の享保改革に存するといわれるが、定信は細川重賢の宝暦改革にも学んでいるのである。

幕府人足寄場は、「我が国自由刑・保安処分の源流」（『人足寄場史』〔人足寄場顕彰会編、昭和四十九年、創文社〕の副題）として人口に膾炙した制度であり、これまで数多くの研究が公表されている。ところが意外にも、人足寄場に関する基本史料には未刊のものが数多く存し、したがって従来の研究でもこれら未刊史料の利用は限定的であった。そこで研究所における第三の仕事として、人足寄場の基本史料を翻刻することにした。現在までに、国立国会図書館所蔵「旧幕府引継書」を中心として八種の史料を翻刻したが（神崎直美氏と共編、うち二種は神崎氏編）、翻刻すべき史料はなお残されており、いまだ史料集刊行に至らない。

本書は右にみた研究を進める中で、勤務先の所報に掲載したり、需めに応じて執筆したりした小文を中心として編んだものである。多くは前述の研究にかかわるテーマを扱っているが、その周縁のテーマに言及した文章もいくつか存する。Ⅰ部・Ⅱ部に分けたのは、単に文字数の多寡によるものであって、その内部は時代順に排列したにすぎない。従って、本書のどの部分からでも、興味の赴くままに読んでいただければ幸いである。ただ、一書にまとめるという目論見など全くもたず、その時々に筆を執った結果、内容上、重複箇所が多々存することと相成った。今更書き改める餘力もないので、そのままに収録した。読者諸彦のご宥恕を乞うばかりである。

ささやかな小著に対してやや大袈裟な「あとがき」となったが、この辺で気持ちを整理して明日への活力としようというのである。

本書のタイトル文字は大島敏史氏（号祥泉）の揮毫である。貧弱な小著に光彩を添えていただき、感謝の念でいっぱいである。出版はこの度も汲古書院にお引受けいただいた。社長石坂叡志氏、様々なアドバイスをいただいた編集担当の小林詔子氏に、この場を借りて厚く御礼申し上げる次第である。

平成十六年六月

高塩　博

初出一覧

本書収載にあたり、原則として旧稿のままに再録した。ただ魯魚の誤りを訂したことは勿論だが、文章表現上の修正を加えたり、出典を追記した箇所もわずかながら存する。なお、「南湖の『士民共楽』と江戸の飛鳥山」には若干の増補を施し、「細川重賢の書簡」の後段部分はこのたび追補したものである。

第Ⅰ部

熊本藩に誕生した近代的自由刑　『刑政』一〇七巻七号　平成八年七月

草創期の徒刑制度――熊本藩徒刑から幕府人足寄場まで――　『刑政』一〇八巻八号　平成九年八月

人足寄場の創設と熊本藩の徒刑制度　『歴史読本』四七巻一〇号　新人物往来社　平成十四年十月

会津藩「刑則」とその刑罰　会津史学会編『歴史春秋』五一号　歴史春秋社（会津若松市）発行　平成十二年四月

南湖の「士民共楽」と江戸の飛鳥山　『（展示会図録）定信と庭園――南湖と大名庭園――』白河市歴史民俗資料館編集発行　平成十三年九月

立教館初代教授本田東陵の墓碑銘　『法史学研究会会報』七号　法史学研究会（明治大学法史学研究室内）編集発行　平成十四年九月

「刑法新律草稿」の発見　『國學院大學日本文化研究所報』一四二号　昭和六十三年五月

第Ⅱ部

中国法の受容と徳川吉宗　『國學院大學日本文化研究所報』一二九号　昭和六十一年三月

将軍様の法律学――徳川吉宗と中国法――　原題：「将軍様の法律学――徳川吉宗と中国法の受容――」『國學院大學日本文化研究所報』一七〇号　平成五年一月

甘藷先生の法律学　『國學院雜誌』九一巻六号　平成二年六月

幕藩法と中国律・覚え書　『創文』三〇六号　平成元年十二月

江戸時代の刑罰――笞打ちと入墨――　『國學院大學日本文化研究所報』二一五号　平成十二年七月

河村秀興・秀根兄弟の『首書神祇令集解』　原題：「河村秀興・秀根　首書神祇令集解」『律・令』神道大系　古典編九　神道大系編纂会　昭和六十二年三月

熊本藩の法制史料　『國學院大學日本文化研究所報』一六〇号　平成三年五月

『熊本藩法制史料集』の刊行について　『國學院大學日本文化研究所報』一八一号　平成六年十一月

細川重賢の書簡　原題：「一字の違い――細川重賢の書簡――」『國學院大學日本文化研究所報』二二八号　平成十六年五月

会津武士の熊本かぶれ　『國學院大學日本文化研究所報』一六八号　平成四年九月

白河楽翁と熊本藩　『國學院法學』三五巻三号　平成九年十二月

二人の越中守と「肥後物語」の白河藩への伝播　『法史学研究会会報』六号　法史学研究会（明治大学法史学研究室内）編集発行　平成十三年八月

「明治法律学校設立広告」の紹介　『法史学研究会会報』創刊号　法史学研究会（明治大学法史学研究室内）編集発行　平成八年三月

明治法律学校創設期の一景　『法史学研究会会報』五号　法史学研究会（明治大学法史学研究室内）編集発行　平成十二年七月

井上毅の集書の一齣　原題：「井上毅の集書の一齣――『梧陰文庫総合目録』編纂余滴（二）――」『國學院大學日本文化研究所報』二三四号　平成十五年九月

黒川真頼と國學院　原題：「黒川真頼」　國學院大學日本文化研究所編『國學院黎明期の群像』編者発行　平成十年三月

附篇（書評）

瀧川政次郎著『日本法制史』　『國學院雑誌』八七巻一号　昭和六十一年一月

藤田弘道著『新律綱領・改定律例編纂史』　『法制史研究』五二号　平成十五年三月

増刷にあたって

このたび第二刷が発行されるに際し、若干の誤植を正すとともに、「井上毅の肖像画と肖像写真」という一篇を追補することにした。この小文が本書収載の「井上毅の集書の一齣」の姉妹篇をなすからである。この二篇はともに、井上毅旧蔵の文書・図書の目録を編纂する仕事の過程で生まれたのであるが、追補の小文は本書刊行よりも約半年遅れて発表されたから（『國學院大學日本文化研究所報』二四一号、平成十七年一月）、本書に収載できなかったのである。

井上毅の遺した文書（六六〇〇点餘）、図書（八七〇〇点餘）を総称して「梧陰文庫」というが、その目録編纂は勤務先の仕事として國學院大學創立百二十周年記念事業に指定され、五箇年の歳月を費して平成十七年三月に完成した（『梧陰文庫総目録』國學院大學日本文化研究所編、B5判、七八〇頁、東京大学出版会刊）。この間、この事業に従事した者七名は、『梧陰文庫総合目録』編纂余滴」という副題のもと、それぞれの専門分野と問題関心から、井上毅その人と梧陰文庫とに関する小研究を前掲所報に連載した。同時に井上毅や梧陰文庫を研究された先覚を囲む座談会を毎年催し、その記録を勤務先の紀要にその都度掲載した。

筆者はこれらの成果をまとめて一書とする計画を企て、汲古書院に相談をもちかけたところ、社長石坂叡志氏は出版を快諾して下さった。そのようにして成ったのが、『井上毅と梧陰文庫』（國學院大學日本文化研究所編、A5判、四〇〇頁、平成十八年二月）である。従って、本書には「井上毅の肖像画と肖像写真」もまた収録されている。井上毅や梧陰文庫について更に知りたい方は、本書をも繙いて下さることを望むものである。

平成十九年正月

高塩　博

井上毅の肖像画と肖像写真

一

明治二十八年（一八九五）三月十五日、井上毅は静養先の葉山の別邸にて五十三歳（満年齢五十一年一箇月）の生涯を閉じた。最後の公職は第二次伊藤内閣の文部大臣（二十六年三月〜二十七年八月）である。それ以前、図書頭、法制局長官、枢密院書記官長、枢密顧問官等を歴任した。

容貌を知るには写真が有効だが、この時期の政府顕官としては写真が少ないように思う。集合写真に収まる井上毅の姿を私は寡聞にして知らない（熊本市の冨重写真館に集合写真が伝えられていると聞き及び、かつて同写真館を訪ねたが当てが外れた）。しかし、肖像写真と称すべきもの四種、肖像画一種が諸書に掲載されているのを確認したので紹介する。

（写真①）

二

年齢の若い順に肖像写真を示すならば、第一は『画譜憲政五十年史』（昭和十四年、国政協会刊）に掲載されたものである（写真①）。撮影年、撮影者とも未詳。蝶ネクタイを締め、口髭は蓄えられていない。右『五十年史』の「憲法発布の思出」の箇所に掲載されているのだが、憲法発布時の年齢（四十七歳）よりも若い頃のものと思われる。この写真は柴田紳一氏に見出され、展示解説『國學院大學所蔵法制史料展――梧陰文庫を中心として――』（國學院大學日本文化研究所編刊、平成十一年）に転載されたことがある。

第二は多くの人の知る肖像写真である（写真②）。それは惜しくも没後の刊行となった『梧陰存稿』（小中村義象編、明治二十八年九月、六合館書店）巻一「国文の部」の口絵に、「正三位勲一等子爵／井上毅君肖像」と題して掲げられたものである。この写真は、右『画譜憲政五十年史』、『憲政秘録』（国立国会図書館憲政資料室編、昭和三十五年、産業経済新聞社出版局）、『国史大辞典』第一巻（昭和五十四年、吉川弘文館）など多くの書物に掲載されたので、井上毅と言えばすぐさまこの写真を思い浮かべる程である。

第三は、『大日本教育会雑誌』一六六号（明治二十八年六月）に掲載のものである（写真③）。これは、

（写真②）

（写真③）

小中村義象執筆の追悼記事「故井上子爵小伝」の口絵として掲載された。この写真は近年、木野主計氏がその著『井上毅研究』（平成七年、続群書類従完成会）に新発見として口絵に採用したのと同じものであり、木野氏はこの写真が明治二十四年一月初め頃の撮影であること、撮影者は当時を代表する写真師の一人丸《まる》木《き》利《り》陽《よう》であること等を明らかにされた。すなわち、**写真③**は井上毅四十九歳、枢密顧問官時代の肖像なのである。

三

第四の肖像写真は、井芹経平・小早川秀雄『元田井上両先生事蹟講演録』（平田信治編、大正二年、元田井上両先生頌徳会刊（熊本市））

（油絵）

（写真④）

の口絵として載せられたものである（**写真④**）。同書の口絵には書幅、扁額、書簡など井上の筆跡も採録されていて貴重であり、それにも増して小早川氏の講演録「井上梧陰先生」は、井上の人となりに関する記事を多く載せていて有益である。肖像写真との関連で見れば、次の記事が参考になる。

先生は幼少の頃より身体極て虚弱顔色蒼白にして肉落ち一見病身の如くなりき、併も身の丈は高く骨格は小ならず、殊に著しく感ぜらるゝは其頭顱の大なりし事なり、顔は長く、窪みたる眼光は炯々人を射りて冐す可らざる精悍の気を現し、中年以後には散髪にして鬚を蓄へず、容儀を修むるに心を用ひられざりしも、端然たる威容覚えず襟を正さしむる者ありき、（読点引用者、三八〜三九頁）

写真④は、この記事の如く「中年以後には散髪にして鬚を蓄へず」というものであって、晩年頃の撮影と推察される。

次に油絵の肖像画を紹介しよう(油絵)。これは『採釣園のほまれ』(森本米一編、昭和七年、熊本市立高等女学校刊)の口絵に見えるものである。同書はしがきによれば、宮崎弥太郎氏が井上の生前に実写したもので、これを同校に寄贈したという(井上生誕の地が市立高等女学校の敷地内に存する。同校後身の熊本市立必由館高校に、この油絵はもはや現存しない。戦災の折に焼失した可能性が高いとの由)。絵の右下を子細にながめると、作者の署名が「明治廿八年二月/宮崎彌太郎謹写」とかろうじて判読できる。油絵の肖像は髭が蓄えられてはいるが、頭髪をはじめ身体の角度など、写真④によく似ている。頭髪の伸び具合から判断すると、写真④の方がやや早い時期に撮影されたと考えられる。

なお油絵肖像画は、田中惣五郎「井上毅」(『日本人物史大系』第五巻、昭和三十五年、朝倉書店)に転載されている。

四

ところで、最も知られた写真②について、撮影日と撮影者が判明したので報告しておこう。明治二十二年三月六日、小川一真《おがわかずまさ》の撮影である。この日、井上は明治天皇から勲一等瑞宝章を親授されるという栄誉に浴した。『明治天皇紀』同日条は、「皇室典範及び帝国憲法制定に与かりし功労を嘉し、法制局長官兼枢密院書記官長井上毅を勲一等に叙し瑞宝章を賜ひ、鳳凰間に於て親授式を行はせたまふ」と記す（第七、二三四頁）。同日、同じく法典編纂に尽力した伊東巳代治には勲三等瑞宝章、金子堅太郎には勲五等瑞宝章が授与された。前年十一月十六日公布の「勲章佩用式」に則り、勲章を右胸に、大綬を右肩より左脇へ垂らし、副章を左肋に佩いた姿をもって、この栄誉を記念写真に収めたのである。

写真②は楕円形にトリミングされているが、富島末雄著『井上毅先生』（昭和九年、熊本地歴研究会刊）は、いくぶん不鮮明ながらもトリミングを施さない全体写真を口絵として載せ、本文中に「巻頭のお写真は其の勲章拝受の日に、記念に撮られたものであります」と記す（五五頁）。本書は郷土熊本の「児童生徒の読物として編輯した」小冊子で（B六判、本文六六頁）、著者が前記油絵の制作者宮崎弥太郎氏、井上の長兄騏七郎の息飯田章氏、未亡人鶴子夫人（昭和八年当時八十五歳）の各人から直接に聞きとり調査をした上で執筆した（著者小序）。それ故、勲章拝受の日の撮影という記述に、間違いはないと思う。

さて、**写真②**の原画であるが、今日、「梧陰文庫」と共に國學院大學図書館に襲蔵されている（**写真⑤**）。大四ツ切の大きさで（縦二八・〇糎、横一八・八糎）、台紙の右下に「*K. Ogawa*／*TOKIO*」との刻印が見られ、台紙背面に「故子爵井上毅真影」との墨書が存する。この刻印は、明治時代後半から大正時代にかけて活躍した小川一真（万延元年〔一八六〇〕～昭和二年〔一九二七〕）のものである。井上を撮影した時、小川は二十九歳、アメリカで写真技術を学んできた新進気鋭の写真師である。明治二十年、東宮御用掛を拝命し、皇族方の撮影も担当したようである。（小澤清『写真界の先覚 小川一眞の生涯』平成六年、近代文藝社等参照）。

一方、写真③の撮影者丸木利陽（嘉永七年〔一八五四〕～大正十二年〔一九二三〕）もまた盟友小川一真とともに明治大正期を代表する写真界の大物で、とくに明治大正二代の御真影の写真師として著名である。政治家・軍人の撮影も多く手掛けているという（光山《みつやま》香至《こうし》『丸木利陽伝』昭和五十二年、著者刊）。

（写真⑤）

五

写真⑤は、精根を傾けた「憲法」「皇室典範」の発布後一箇月足らずの勲章親授式当日の撮影である。眼光鋭く充足感に溢れている。それに引き換え、写真④は生気にとぼしく、「炯々人を射りて冒す可らざる」眼の輝きはもはや失せている。死期の迫った頃の撮影ではなかろうか。

前述の如く、逝去の前月には油絵による肖像画が制作されている。こちらは勲章を着けた礼服に身を包み、口元には髭を蓄え、視線は絵筆の方角に向いている。肖像画とよぶに応しい身支度であり、出来映えである。作者の宮崎弥太郎は、「井上先生の御存命中、久しく先生の宅に寄寓」していた人物で(『井上毅先生』小序)、その彼が「梧陰先生の生前に実写」(『採釣園のほまれ』はしがき)したのがこの肖像画なのである。

そこで想像を逞しくするに、油絵制作の時期は病勢が進んで井上にモデルをつとめる体力はもはや残されていなかったから、**写真④**を撮影し、宮崎はこれをモデルとして肖像画を描いたのではなかろうか。もちろん宮崎は井上に近侍する人物であり(書生の一人か、昭和八年には埼玉県浦和町にて存命)、これだけの絵を描く力量の持主であるから、井上の容貌については細部にわたって熟知していたであろうし、疑問が生じれば井上本人を目の当たりにすることができたのだと思う。その意味で「実写」であり「謹写」であったのだと思う。

この肖像画は、宮崎が市立高等女学校に寄贈したというから、井上家に伝えられた訳ではなく、作者の手元に残されたと理解するべきである。してみると、肖像画制作の意向は、井上本人にではなく、宮崎をはじめとする周囲の人々に存したのであろうか。ともあれ、肖像画制作を認めた井上の心境はいかばかりであったろうか。

〔補　記〕

本稿を『井上毅と梧陰文庫』に再録した後、益井邦夫氏（國學院大學校史資料課嘱託）より、次のことを御教示いただいた。それは写真③についてである。すなわち、世田谷区在住の医師井上一志《かずし》氏が写真③と同じものを所持しておられ、その台紙に撮映の時期と場所とが、「一八七二年フランス・ソルボンヌ大学留学時」と記されているというのである。写真は手札判で台紙の文字は一志氏の父一男氏が記したものの由である。

益井氏の調査によると、井上一志氏の家系は次のようである。（以下、敬称略）。すなわち、父一男（明治三十六年～昭和四十九年）、祖父敏男（明治十六年～昭和十七年）、曾祖父素一（天保十一年～明治四十二年）、高曾父静安（文化七年～明治二十五年）である。井上静安は井上毅の実父飯田権五兵衛の長兄である。つまり、井上静安の家系は権五兵衛・毅の父子にとって本家筋にあたるわけである。権五兵衛は井上の家を出て飯田家の養子に入り、その三男毅は同族井上家の養子となった。それゆえ毅は本家筋と姓を同じくすることになったのである。毅の従兄にあたる井上素一は、その戸籍によれば、牛込区薬王寺前町の井上毅の家に同居した時期もあった。

写真③は本家筋の井上家に伝存し、撮映時期と場所とについて右のように伝承されてきたのである。確かに、井上毅は岩倉使節の司法省理事官随行員として渡欧し、明治五年（一八七二）十一月一日、パリに到着した。翌六年七月二十日にマルセイユを出港して帰国の途につくまで、パリに拠点を置いてフランスの司法制度を調査している（木野主計「仏蘭西留学と司法制度研究」『井上毅研究』平成七年、続群書類従完成会）。井上一志家に伝わる所伝が正しければ、**写真**③は井上毅が数え三十歳の姿ということになる。しかし、今日これを確認する術を持たない。服装が何らかの手掛りを与えてくれるかも知れないが、それは後日を期したい。ただ一つ言えることは、**写真**③と**写真**⑤とを見比べるならば、**写真**③の方が顔に張りがあり、明らかに若いということである。従って、撮映時期は**写真**③の方が早かったことだけは確かであろう。御教示下さった益井邦夫氏に謝意を表する次第である。

なお**写真**①について附言するに、この写真に映る井上毅は顔をやや右に向け、視線もまたその方向に向いているように見える。あるいは複数で映る写真からのトリミングであろうか。原写真の出現を期待するものである。

人名索引

あ行

か行

な行

は行

ま行

や行

ら・わ行

著者紹介

高塩　博（たかしお　ひろし）

昭和23年　栃木県生まれ

昭和47年　國學院大學文学部史学科卒業

昭和55年　同大學大学院法学研究科博士課程単位取得

田中千代学園短期大学助教授を経て

現　　在　國學院大學日本文化研究所教授

法学博士　日本法制史専攻

主要論著　『日本律の基礎的研究』（昭和62年、汲古書院）

『高瀬喜朴著大明律例譯義』（共編、平成元年、創文社）

『熊本藩法制史料集』（共編、平成８年、創文社）

『唐令拾遺補』（共編、平成９年、東京大学出版会）

「江戸幕府法における敲と入墨の刑罰」

（小林宏編『律令論纂』、平成15年、汲古書院）

江戸時代の法とその周縁
――吉宗と重賢と定信と――

平成十六年八月三日　第一刷発行
平成十九年二月十四日　第二刷発行

著　者　高　塩　　博
発行者　石　坂　叡　志
印刷所　富士リプロ

発行所　汲　古　書　院
〒102-0072　東京都千代田区飯田橋二－五－四
電　話〇三（三二六五）九七六四
ＦＡＸ〇三（三二二二）一八四五

ISBN978－4－7629－4168－9　C3032